PEDAÇOS do COTIDIANO

© 1986 por Zibia Gasparetto
Capa: desenho mediúnico de Tarsila do Amaral
Psicopictoriografado pelo médium Luiz Gasparetto
Foto 4ª capa: Renato Cirone
Editoração Eletrônica e Revisão: Sandra Martha Dolinsky

1ª edição
13ª reimpressão — outubro 2010
5.000 exemplares

Dados Internacionais de Catalogação na Publicação (CIP)
(Câmara Brasileira do Livro, SP, Brasil)

Pedaços do cotidiano / Espíritos Diversos ;
[psicografado por] Zibia Gasparetto.
São Paulo : Centro de Estudos Vida & Consciência Editora.

ISBN 978-85-7722-065-6 (pocket)

1. Contos espíritas 2. Espiritismo 3.Psicografia
I. Espíritos Diversos. II. Gasparetto, Zibia.

09-06612   CDD-133.93

Índices para catálogo sistemático:
1. Contos espíritas : Espiritismo 133.93

Publicação, distribuição, impressão e acabamento
CENTRO DE ESTUDOS VIDA & CONSCIÊNCIA EDITORA LTDA.

Rua Agostinho Gomes, 2.312
Ipiranga — CEP 04206-001
São Paulo — SP — Brasil
Fone / Fax: (11) 3577-3200 / 3577-3201
E-mail: grafica@vidaeconsciencia.com.br
Site: www.vidaeconsciencia.com.br

Proibida a reprodução total ou parcial desta obra, de qualquer forma ou por qualquer meio eletrônico, mecânico, inclusive através de processos xerográficos, sem permissão expressa do editor (Lei no 5.988, de 14/12/73).

Zibia Gasparetto

ditado por espíritos diversos

PEDAÇOS do COTIDIANO

Índice

Pedaços do Cotidiano	9
A Moratória	11
Recurso Extremo	15
A Força do Exemplo	20
Comodismo	24
Credenciais	27
A Missão	30
Justiça	35
Terrível Engano	40
Ressurreição	44
O Canto do Cisne	47
Egoísmo	50
Vingança	53
Tentação	56
Dar e Pedir	59
A Cilada	62
O Mais Importante	65
O Aviso	71
Infidelidade	75
O Fim não Justifica os Meios	80
A Evidência	84
Causa e Efeito	88
Mãe	94
Dizer e Fazer	100
Ambição	103
O Recado	107
Caridade	113
O Susto	116
O Desastre	120

O "Polícia" 124
A Volta 130
O Velório 135
O Naufrágio 140
O Anjo da Guarda 144
A Memória 148
Arrependimento 153
O Último Vernissage 156
A Parada 161
Inauguração 164
O Encontro 168
O Resgate 176
Reconciliação 181
A Fraude 184
Fuga 189
O Egoísmo 195
Foi Assim 199
Reunião 204
Engano 208
O Imprevisto 212
O Maquinista 217
A Praça 221

Pedaços do Cotidiano

Por mais que o homem se entregue ao materialismo, mergulhado no corpo de carne, sempre sentirá no íntimo que a vida vai além dos seus acanhados limites de percepção.

Todos os acontecimentos do cotidiano na Terra são sempre narrados e percebidos dentro desses limites, onde a morte representa o ponto final do personagem em pauta.

Nós, todavia, podemos avançar mais. Nós vivemos no depois, somos cidadãos do além, onde as histórias prosseguem tecendo seus enredos nas estupendas lições que a vida prepara a fim de que possamos despertar para os valores eternos do espírito.

Por isso, nossas histórias possuem algo mais do que as contadas na Terra. Elas continuam além da morte.

Nós nos dispusemos a trazer algumas para você. São pedaços do cotidiano encontrados em nossa memória a nos dizer que a vida prossegue além da morte do corpo, sob ação de uma justiça perfeita e amorosa que dá a cada um de acordo com suas obras.

Estamos certos de que as apreciará e esperamos que, ao lê-las, seu espírito se ilumine com essa certeza, se fortaleça e, de maneira agradável, inteligente, possa compreender sem que seja preciso sofrer, experimentar, para poder aprender.

Lucius

A Moratória

Álvaro Ferreira de Albuquerque, industrial operoso, trabalhava incessantemente voltado aos seus negócios e aos interesses da sua numerosa família.

Construíra seus haveres através de laborioso esforço e jamais pudera repousar um dia sequer. Sempre havia algo a fazer, alguma tarefa a cumprir que lhe requeria a presença marcante e oportuna.

Não havia setor de sua indústria que ele não esmiuçasse com interesse, nem detalhe, por mais insignificante, que desconhecesse.

Certo dia, ao sair da fábrica com seu automóvel de luxo, preocupado como sempre com os múltiplos problemas de suas atividades diretivas, distraiu-se e, num átimo, aconteceu o desastre terrível.

Um caminhão em sentido contrário perdeu o controle de direção e, sem freios, precipitou-se sobre o carro de Álvaro.

Estrondo terrível, choque, tudo escuro. Em estado grave, ele foi transportado para um pronto-socorro e lá internado em estado desesperador. A família, avisada, acudiu prontamente, aturdida e temerosa.

Em seu leito de dor, com o corpo fraturado em diversos lugares, ruptura de músculos e abalo na base do crânio, Álvaro agonizava. A morte rondava esperando o momento oportuno. Alguns parentes mais chegados oravam na saleta contígua, aguardando o desenlace.

Entretanto, passados os primeiros instantes de perturbação e de choque, o espírito do industrial acordou. Vendo-se semidesligado do seu corpo que, envolvido em ataduras, recebendo sangue e soro, jazia no alvo leito, teve de imediato, num átimo de segundo, a noção da realidade.

Sentiu que o corpo físico vivia seus derradeiros instantes na Terra. Apesar do acidente, ele não sentia dores nem sofrimento material. Ao contrário, gozava leveza e certa sensação repousante de sono. Porém, pensou nos seus, no trabalho que dera início e comandava. Quem dirigiria tudo? Quem poderia cuidar dos negócios se ele sempre fizera tudo sozinho, jamais permitindo a outrem conhecer os detalhes e segredos da sua administração? Quem cuidaria de seus filhos, de sua família?

Como deixá-los assim, ignorantes de tudo, sem proteção definida, sem regulamentação dos papéis e dos negócios?

Então, naquele instante supremo, raciocinou que se a vida continuava depois da morte, se um ser supremo comandava os destinos humanos, haveria de conceder-lhe um pouco mais de tempo.

Haveria de dar-lhe oportunidade para entregar a direção dos negócios a pessoas competentes e deixar sua situação financeira definida.

Com toda sua capacidade de força mental, endereçou um apelo veemente a Deus para que lhe concedesse uma moratória. E tal foi a força da sua prece, tal a sinceridade com que foi formulada que, imediatamente, viu como que arrancado um véu dos olhos esperançosos e a figura venerável de um ancião, com a serenidade estampada no rosto, manifestou-se. Viu também que dois enfermeiros, de aparência bastante elevada, aguardavam apenas a ordem para cortar em definitivo os laços que ainda lhe prendiam o espírito preocupado ao corpo que durante 45 anos lhe dera guarida.

Álvaro, percebendo que o momento era decisivo, arrojou-se aos pés do ancião, rogando-lhe, humilde:

– Mensageiro do bem! Sei que se preparam para levarme. Não temo a morte porque sinto agora que esta é a verdadeira vida. Contudo, meu corpo é ainda moço! Deixe-me viver na Terra mais um pouco. O tempo suficiente para pôr em ordem meus negócios e amparar a família. Jamais coloquei alguém a par das minhas atividades! Temia a inveja e a ambição dos homens. Não queria que a esposa ou os filhos soubessem dos meus haveres porquanto poderiam abusar nas despesas. Jamais pensei que pudesse morrer assim. Tencionava mais tarde regularizar tudo! Deixe-me ficar!

O ancião moveu negativamente a cabeça enquanto dizia:

– Álvaro, tiveste inúmeras possibilidades de cooperação nos teus negócios e inúmeras amizades foram colocadas junto aos teus familiares, mas, a pretexto das múltiplas ocupações, afastaste a todos com tua indiferença. Nasceste na Terra investido da sagrada missão de amparar, através da tua indústria, todos aqueles que no passado prejudicaste, confiscando-lhes os bens, condenando-os aos horrores da inquisição, deixando-lhes as famílias ao desamparo, atirando-os à morte no suplício do martírio ou na fogueira terrível! Devias desenvolver todo esforço através do trabalho para construir-lhes um patrimônio decente, oferecendo-lhes condições de vida que os elevasse à categoria de seres humanos, devolvendo-lhes, por meio da oportunidade de trabalho e de assistência social edificante, tudo quanto lhes fora arrebatado anteriormente. Porém, nada disso fizeste. Pagavas-lhes o mínimo possível, explorando-lhes o esforço de cada dia em proveito próprio, não lhes oferecias condições de progresso ou de melhoria, tratando-os como inimigos, com intolerância e desprezo. Agora, temes que todos os teus haveres, amealhados com esforço, se percam na inutilidade. É inútil te preocupares. É tarde! Não podes voltar por agora. A Lei chamou-te ao reajuste. Contudo, nada receies. Ninguém é insubstituível. Todo patrimônio na Terra só se estabelece com a vontade de Deus, que por ele zela, reservando-se o direito de redistribuí-lo, quando melhor lhe pareça, em benefício de todos. Acalma-te. A moratória é impossível. Segue adiante, medita, trabalha, pede a Deus que te conceda nova oportunidade para que possas cumprir com coragem a tarefa que por agora ainda não pudeste fazer. Que Deus te abençoe.

E, diante do espírito entristecido de Álvaro, os enfermeiros cortaram os últimos laços que o prendiam ao corpo. Enquanto ele adormecia nos braços dos companheiros solícitos para o refazimento, seu corpo, no leito, estremecia e exalava o último suspiro, sob a consternação dos familiares aflitos e dos amigos em prece.

Marcos Vinícius

Recurso Extremo

O campo estava deserto. A manhã cinzenta. O dia se afigurava triste e sombrio. Oduvaldo Correia Dias, funcionário aposentado, olhos tristes e cansados, contemplava emocionado a várzea tranqüila. As traves ainda estavam lá, escuras e sujas, e algumas poças de água revelavam a insegurança do tempo devido à chuva que caíra durante a noite.

Seu pensamento voltava no tempo, 25 anos atrás. Via-se envergando as cores alegres do seu time, no jogo de futebol disputado com garra e paixão. Tempos felizes. Todos os sábados pela tarde, reunia-se aos amigos e, de caminhão, em algazarra e euforia, dirigiam-se ao campo para as acirradas disputas do amadorismo.

Mesmo depois de casado, Oduvaldo não dispensava o jogo do sábado. Deixava a repartição ao meio-dia, ia para casa, alimentava-se moderadamente e aguardava impaciente a hora do encontro. Sua esposa protestara a princípio. Afinal, era a tarde de folga em que poderiam sair, visitar os parentes, passear, etc.

Muitas discussões e atritos por causa disso e dos aperitivos que Oduvaldo bebia depois das partidas, para comemorar a vitória ou esquecer a derrota.

Fundo suspiro escapou do peito oprimido de Oduvaldo. Quanto tempo! Tudo se modificara. O campo deserto parecia haver perdido o verde alegre de outros tempos e, ao redor, algumas fábricas tinham modificado a paisagem. Ah! Se pudesse voltar atrás! Como tudo seria diferente!

Sentia-se só, muito só. Andara durante toda a noite. Esquecer como? A avalancha de dor precipitara-se sobre sua cabeça na desgraça irreparável.

No lar, sempre fora o cabeça. Jamais se afastara da rotina no que se refere ao trabalho. Funcionário exemplar e eficiente, fora aos poucos alcançando promoções, que o puseram à sombra das preocupações financeiras. Pelo contrário, comprara casa através da Caixa Econômica e pagava suavemente. Seus três filhos foram educados dentro de sua orientação severa e absolutista.

Mas, na vida de Oduvaldo, de repente, despontara uma nova paixão além do futebol e da família. Uma colega de trabalho, com sérios problemas com os pais, começara a preocupá-lo.

De início, ouvia-lhe as lamentações e as confidências procurando aconselhá-la. Pobre moça! Incompreendida pela família. Fora seduzida e abandonada.

Quando ela rompera definitivamente com os pais e saíra de casa, fora Oduvaldo quem lhe arranjara uma pensão para acomodar-se. Ela dizia-se infeliz, mencionava o suicídio.

Oduvaldo passou a mão trêmula pela testa, como querendo afastar o peso das reminiscências.

Sentira-se no dever de ajudá-la. Principalmente nas tardes de domingo, quando ela dizia sentir-se tão só. E o inevitável acontecera. Apaixonara-se. Ela, bem mais jovem, começara a exercer poderoso fascínio sobre ele.

Ele começara a interessar-se pela própria aparência, tingira o bigode e as sobrancelhas, onde alguns fios prateados apontavam. Vestia-se no apuro da moda. Sua vaidade sentia-se satisfeita ao circular pelas ruas com sua conquista, encontrando os amigos. Sentia-se como o próprio Adonis e a cada dia esquecia-se mais das suas obrigações conjugais. Mal olhava a esposa, que lhe parecia velha e maltratada, sempre às voltas com as rudes tarefas domésticas e com a educação dos filhos.

Em vão Isabel tentava reconduzir o marido ao apego do lar. Mal a ouvia. Regressava a casa sempre muito tarde da noite e sequer a olhava. Suas lágrimas o aborreciam. Suas queixas ainda mais. Ameaçava abandoná-la, dizendo-se vítima do seu mau humor, rebelando-se ao menor motivo.

Ela usara de todos os argumentos. Pedira, chorara, brigara para que ele deixasse a outra, tudo em vão. Por fim, parecera-lhe que ela se acomodara à situação. Dois estranhos dentro do mesmo lar. Havia muito dormiam separados. Até que um dia recebera um bilhete anônimo. Sua mulher o traía. Empalidecera de ódio. Como ela ousara desrespeitar-lhe o lar?

O mundo girara ao seu redor. Jamais pensara que a sonsa da Isabel tivesse tanta desfaçatez. Relera o bilhete. Endereço, hora e local do encontro. Não titubeara. Estava lívido! Iria surpreender os adúlteros. Infelizmente não dispunha de uma arma. Tinha ímpetos de matá-los.

Muito antes da hora postara-se nas proximidades do prédio onde sua mulher pretendia consumar a traição. Cinco minutos após a hora, Isabel descera de um táxi. Oduvaldo olhara-a. Parecia que a via pela primeira vez. Apesar dos seus 36 anos, estava elegante e bem penteada. Aparentava estar mais jovem, e ele sentira um aperto no coração. Precisava saber. Discretamente, seguira-a.

Quando ela entrara no apartamento, ele sentira as pernas tremerem e a boca amarga. Tinha ímpetos de matá-la. Haveria de desmascará-los. Esperara quinze minutos ruminando o ódio e o orgulho ferido. Depois, furiosamente tocara a campainha. Seus olhos injetados pareciam sair das órbitas.

Um homem fora abrir. Vendo-o, parecera surpreso, mas não perdera a calma. Oduvaldo, voz carregada, murmurara:

– Minha mulher entrou aqui. Onde está ela?

O outro abrira a porta e mandara-o entrar. Um pouco pálida, Isabel estava sentada em luxuosa poltrona. Oduvaldo perpassara o olhar pela sala bem mobiliada e fina. Olhara o rival que, imperturbável, lhe indicara uma poltrona, dizendo:

– Foi bom ter vindo. Precisamos conversar.

Apanhado de surpresa, Oduvaldo ficara sem ação. Não surpreendera nenhuma inconveniência. E o homem que o atendera revelava finura e educação. Deixara-se cair na poltrona sem saber o que dizer. Seu interlocutor tomara a palavra:

– Sou advogado. Fui procurado por Isabel para fazer o desquite.

Cheio de raiva, Oduvaldo objetara:

– Não quero desquite. Não é bom para nossos filhos.

– Acalme-se, sr. Oduvaldo. Nada poderá fazer. Temos fotos, filmes documentando suas relações extramatrimoniais, e inclusive fita gravada com conversas no apartamento da sua companheira. Se não concordar com o desquite amigável, partiremos para o litigioso. Mas afirmo-lhe que nenhum juiz deixará de nos dar ganho de causa com as provas que temos.

Oduvaldo sentira-se acuado. Olhara timidamente para a mulher:

– É isso que você quer?

– É – dissera ela, com voz firme.

Oduvaldo sentira um frio no peito. Precisava vencer a situação, resolvera apelar:

– Isabel... e se eu deixar a Isaurinha? E se tudo voltar a ser como antes?

Isabel sorrira com frieza:

– Esperei dez anos que isso acontecesse. Agora é um pouco tarde. Eu e Ernesto vamos nos casar assim que tudo terminar. Está decidido.

O advogado olhara para ela com carinho.

– É verdade. Sou desquitado e descobrimos que nos amamos. Vamos nos casar no exterior. Está tudo resolvido.

Oduvaldo estava estupefato. Parecia-lhe que o mundo se rompia ao redor e o chão faltava-lhe sob os pés.

– E nossos filhos?

– Já são grandes. Nunca concordaram com seu modo de vida. Irão comigo, certamente.

Oduvaldo nada pudera fazer senão concordar. Assinara tudo amigavelmente. Nunca sua mulher lhe parecera tão bonita.

Lembrou-se do namoro, do casamento, da lua-de-mel. A chegada dos filhos. Tudo ia tão bem! Como fora tão cego?

Doía-lhe saber que sua Isabel já pertencia a outro. Vivia em mansão de luxo. Muitos empregados, vira-a bem vestida e elegante, muito bem-cuidada e sorrindo feliz.

Procurara os filhos, visitando-os, tentando interessar-se por eles, mas eram jovens que o recebiam com indiferença, como a um estranho. Lia-lhes o ressentimento no olhar. Era com respeito e carinho que falavam do dr. Ernesto. Deixara de vê-los, fazia-lhe mal sua felicidade.

Resolvera morar em definitivo com Isaurinha, era tudo quanto lhe restava na vida. A princípio tudo parecia bem, mas a moça a cada dia tornava-se mais impaciente. Quando chegara a aposentadoria de Oduvaldo, ela simplesmente recusara-se a aturá-lo o dia inteiro. Abandonara-o com um sorriso nos lábios.

Oduvaldo estava só. Olhando o campo triste e solitário, não pôde deixar de lembrar-se do passado. Ah! Se pudesse voltar! Se voltasse a ter a figura adorada de Isabel, o carinho inocente dos filhos! Como ela era boa! Sempre esperando com alguma guloseima, afagando seus cabelos no sofá, cuidando de sua saúde com bondade e carinho. Por que fora tão cego? Por quê?

A chuva fina começou a cair, mas Oduvaldo não a sentiu. Ela misturou-se a suas lágrimas de remorso e amargura. Não gostava de voltar ao quarto que ocupava na pensão. Era triste e sombrio. Mas que fazer? Escolhera seu destino, era preciso cumpri-lo até o fim. Começou lentamente a caminhar e em pouco tempo seu vulto derrotado sumia na curva da esquina.

Na vida, sempre temos, em alguma época, a felicidade nas mãos. É que ela vem submetida ao preço da dedicação e da renúncia, do dever cumprido e da honestidade, que nós nem sempre desejamos pagar, perdidos nas ilusões absorventes do mundo, para acordar na colheita da nossa semeadura entre o arrependimento e a desilusão, o desencanto e a dor.

Marcos Vinícius

A Força do Exemplo

Renato Guimarães, homem culto e inteligente, cérebro lúcido e privilegiado, exercia o cargo de professor de Filosofia em conceituada universidade no Rio de Janeiro.

Desde a juventude, admirado e respeitado por seus dotes de inteligência, aluno destacado e apreciado pelos mestres, Renato era sempre citado como exemplo aos menos dedicados e, por sua correção e disciplina, bem como por seu aproveitamento sempre evidente, mantinha-se nos primeiros lugares durante todo o curso.

Entretanto, Renato não se esforçava muito para isso, não estudava, tal sua facilidade para aprender. Gravava o que ouvia, com seu cérebro incomum, e dotado de memória invulgar, repetia tudo com tranqüilidade. Aparentando modéstia, com sua atitude disciplinada escondia a vaidade suprema de impressionar e vencer pela capacidade da sua inteligência. Era com imenso prazer que ouvia seu nome citado com destaque e sua posição invejada pelos demais.

Sua vida amorosa e sentimental naturalmente crescera à sombra dessa sua maneira de ser. Desposara a filha de importante sumidade da Medicina, moça culta e de moral muito elevada, que, impressionada pela sua maneira de falar e pelo seu comportamento equilibrado, vira nele realizado seu ideal de mulher.

A princípio, tudo correra muito bem; entretanto, no íntimo, Renato ansiava por dar vazão aos seus sentimentos reais. A nobre posição de sua mulher, sua cultura e seu gosto requintado nas artes e sua correção natural, começaram a cansá-lo. Contudo, nem de leve dera a perceber, pois sua vaidade gostava de ser elogiada como homem culto, íntegro, exemplar!

Foi assim que começou a realizar algumas escapadas. Pretextando necessidades de trabalho, realizava viagens periódicas, onde no anonimato procurava dar vazão aos seus instintos naturais. Dessa maneira, assumiu duas personalidades, uma construída pela sua vaidade e inteligência, outra, mais real, onde era tal qual sentia vontade de ser.

Nesse campo, revelou-se com tal capacidade que resvalou às mais baixas sensações no campo do sexo e da licenciosidade. Não tinha problemas de consciência. Esforçou-se tanto em desempenhar os dois papéis que, ao deixar o ambiente sórdido onde desabafava seus instintos, varria da mente qualquer lembrança desse local, vestindo-se da personalidade que hipocritamente demonstrava.

Teve dois filhos, para os quais procurou ser pai enérgico e exigente. Sua vaidade não queria menos. Seus filhos precisavam ser os primeiros em tudo. Deveriam sobressair-se de qualquer forma.

Contudo, um era bem diferente do outro. Se um tinha facilidade para aprender, o outro mantinha-se na mais completa apatia. Não gostava de estudar e suas atitudes eram de irresponsabilidade, chegando por vezes ao deboche.

A mãe do garoto inutilmente procurava instruí-lo com amor, expondo-lhe as razões sensatas e as vantagens de uma conduta honesta.

O pai, porém, se enraivecia, chegando às raias da inconformação. Exigia. Queria. Seu filho devia ser como ele fora! Entretanto, não adiantou nenhum dos seus protestos. A cada castigo o menino respondia com menos interesse. Parecia divertir-se em contrariar os pais. Aprendeu a fumar cedo, lia revistas pornográficas às escondidas, mentia com desfaçatez, assediava as empregadas com propostas indecorosas.

Assim ele chegou aos vinte anos, viciado em drogas, mancomunado com marginais e, para vergonha dos pais, com passagens na polícia.

Para Renato era uma situação calamitosa. Seu filho! Como pudera ser tão desnaturado? A cada dia enraivecia-se mais contra ele, que ousava destruir a auréola de homem excepcional que sempre lutara por manter.

Não podia mais suportar as loucuras do filho. Teria uma última conversa com ele. Haveria de resolver o assunto em definitivo. Ou ele mudava de vida ou não teria mais filho. Desligar-se-ia dele.

E ante os rogos da mãe aflita que recomendava tolerância, exigiu a presença do jovem. Seu olhar deitava chispas. Severo juiz de julgamento dentro do lar. Parecia fulminar o filho, que entrou displicente, com sorriso malicioso nos lábios finos.

– Deixe-nos a sós – ordenou à esposa aflita.

Obedecido, ignorando o olhar suplicante da esposa que saíra, começou a falar. Narrou sua mocidade cheia de louros, sua carreira no campo das Letras, seu nome salientado, respeitado, invejado. Depois chegou ao campo moral, aludindo a sua vida no lar cheia de exemplos de honestidade.

O filho ouviu calado, sem impressionar-se, e quando o pai deu o ultimato traduzido na exigência máxima de mudar de vida ou sair de casa, o jovem, para surpresa de Renato, começou a rir com cinismo. Ria sempre, sem parar, num extravasamento nervoso, ria, ria...

Assustado, Renato agarrou-o pelos ombros, sacudindo-o com violência:

– Por que ri? Acaso não falei sério?

– Papai – disse ele sem parar de rir. – Comigo não precisa fingir. Sei de tudo! Há anos, certa vez, juntei dinheiro, e quando você viajou, eu o segui. Eu tinha certeza que ninguém podia ser tão quadrado como você. E vi. Vi onde você foi, conheci as mulheres que você teve e juntos demos boas risadas. Mas sabe, papai, acontece que eu não tenho cara para mentir como você. Quis aprender, tenho tentado, mas sou ruim. Logo, mostro o que penso. Acho que não tenho a sua prática. Desde então tenho seguido sempre seus passos. Como se queixa que não saí a você?

Ria, ria sempre, sem ver a palidez do pai que, sufocado, deixara-se cair sobre uma cadeira abalado, sem forças para reagir.

Quando a esposa assustada entrou na sala, o filho ria sem parar, enquanto o pai, pálido e mudo, não conseguia levantar-se da poltrona. Não reagiu quando o médico levou o moço para o sanatório e ninguém conseguiu saber por que Renato Guimarães, homem culto e inteligente, mudara totalmente, adoecera gravemente e nunca mais conseguira lecionar.

Marcos Vinícius

Comodismo

Manoel Antunes Xavier era homem relativamente feliz. Bem colocado na vida, sua situação financeira o isentava de maiores preocupações na manutenção da família com conforto e bem-estar.

Possuía esposa carinhosa, amiga, zelosa, mãe extremosa. Um casal de filhos para os quais sonhava posições elevadas e felicidade absoluta.

E a vida se lhe corria tão agradável que ele se deixava embalar, esquecido talvez que na Terra predomina a transitoriedade. Não pensava nunca na bondade de Deus que tantas bênçãos lhe colocava às mãos. Não se julgava ateu, mas intitulava-se livre-pensador, descrendo dos fundamentos religiosos das seitas que conhecia, situando-se, assim, no grupo dos indiferentes.

A esposa, porém, mais sensível, sentia desejos de buscar as alegrias do conforto espiritual. Sentia-se atraída pelo Espiritismo, apesar de não conhecê-lo ainda bem. Embora Manoel não interferisse em suas diretrizes, não a levava a sério, desviando-a para outras distrações, colecionando fraudes, aliás numerosas, que são notícia em muitos jornais. Ridicularizava as manifestações fenomênicas e sua verbosidade era tão prolixa que sua esposa, aos poucos, se foi convencendo da sua veracidade, distanciando-se dos seus impulsos renovadores, tornando-se cética e descrente.

Assim os anos decorreram, até que, inesperadamente, Manoel viu-se chamado à renovação, ingressando, à sua revelia, no plano espiritual. Desencarnou.

A princípio, não compreendeu sua real situação, sofreu amargamente dolorosa perturbação, arrancado que fora do círculo em que prazerosamente vivia. Apesar dos seus sofrimentos, preocupava-se com a sorte dos seus familiares, que não conseguia encontrar, por mais que tentasse.

Um dia, não mais suportando a dor da saudade, chorou, lembrando-se de Deus, implorando amargurado a solução dos seus dolorosos problemas. Socorrido por amigos, que o levaram a uma casa de reconforto em colônia espiritual, como que arrancando um véu que lhe obscurecia o cérebro, compreendeu a verdade. A vida continuava depois da morte! Maravilhou-se. E desejou comunicar aos familiares sua descoberta. Como o mau rico da parábola evangélica, quis retornar ao ambiente doméstico.

Não lhe foi fácil. Todavia, trabalhou tanto, pediu tanto, que conseguiu por fim autorização.

Com emoção infinita retornou ao lar. Ia diferente, modificado. Sofrera, aprendera. Estava humilde e desejoso de ajudar os seus.

Entretanto, profunda decepção o aguardava: abraçou a esposa, que sequer sentiu o carinhoso contato. Estava muito preocupada com seus problemas. Contristado, verificou que o filho, moço habituado às facilidades e ao conforto, enveredara pelos caminhos do materialismo, endurecendo o coração. A filha casara-se por interesse e, desprezando a benção da maternidade, entregava-se aos perigosos excessos das atividades mundanas.

Manoel, lágrimas nos olhos, não desanimou. Lutou para transmitir-lhes pensamentos renovadores. Entretanto, eles nem os sentiam, desabituados ao contato mais puro das coisas espirituais.

Um dia, conseguiu reuni-los após ingente trabalho em uma sessão espírita, e utilizando-se de um médium, transmitiu-lhes sublime mensagem, transpassada de lágrimas, contando-lhes a realidade, a eternidade da vida. Tudo inútil. Ouviu a esposa dizendo aos filhos de retorno ao lar:

— Foi mistificação. Seu pai jamais falaria daquela forma e com tanta humildade. Ele era livre-pensador!

Manoel não conteve as lágrimas amargas de decepção. Entretanto, incapaz de afastar-se dos entes que amava, permaneceu ainda durante alguns anos, lutando arduamente para conseguir romper a barreira daqueles corações queridos, orientando-os na senda espiritual.

Chorou com suas decepções, chorou mais ainda com a impermeabilidade daqueles espíritos, mas quando o sofrimento recrudesceu na dura corrigenda, Manoel, em lágrimas, entre a filha adúltera e o filho cruel e materialista, apelou para seu instrutor espiritual, cansado, desiludido:

— Que mais posso fazer para evitar a tragédia maior? Eles estão cegos e surdos aos meus conselhos. Como vencer-lhes a resistência?

O instrutor, abraçando-o, carinhoso, respondeu:

— Continua trabalhando.

— Mas estou cansado! Tudo tem sido inútil. Será isso justo?

Seu interlocutor, com voz amável porém enérgica, retrucou:

— Meu filho. Deves agora ser paciente. Deus deu-te a oportunidade preciosa de orientá-los de perto durante tantos anos. Como a aproveitaste? Colocaste a fé e o amor no coração esperançoso de tua esposa? Ensinaste teus filhos desde a primeira infância a conhecer o Cristo?

Manoel, sentindo o remorso morder-lhe o coração, sacudiu a cabeça, envergonhado.

— Eu nada fiz. Era um indiferente.

— Sim. Como muitos outros, desprezaste a ocasião de orientar acertadamente teus entes queridos. Não deves agora te admirar se eles, inseguros ainda no conhecimento, se transviaram.

— Mas o que devo fazer, então?

O generoso amigo concluiu:

— Perdeste a oportunidade maior. Agora apenas podes continuar o teu trabalho. Ele é nobre e representa bendita ocasião de aprenderes que na Terra, como aqui, que na vida, em qualquer parte, cada qual colhe sempre o que semeou.

Marcos Vinícius

Credenciais

Oswaldo Medeiros de Albuquerque era um homem devotado ao Espiritismo cristão. Em todas as tarefas do Centro Espírita a que se filiara por laços de amizade, procurava realizar suas tarefas dentro da humildade e da simplicidade.

Chegava sempre cedo e comprazia-se silenciosamente em providenciar todos os detalhes, desde a arrumação das cadeiras, o espanador manejado com eficiência e perícia, até o arranjo dos livros e dos pequenos vidros e cálices que recebiam água limpa e filtrada para fluidificação.

Oswaldo, entretanto, não tinha facilidade para expressar seu pensamento. Semi-analfabeto, tímido, consciente que era da sua falta de instrução, pouco falava, pois seu linguajar era precário e um tanto rude.

Assim, dentro da humildade e timidez, Oswaldo não era levado muito a sério junto aos amigos. Olhavam-no com indiferença e às vezes esqueciam-se da sua presença; alguns até se tinham habituado a ordenar-lhe, como a um subalterno, que realizasse as diversas atividades mais humildes na organização espírita.

E ele sentia-se feliz atendendo a todos como podia e com presteza.

Certo dia, não apareceu no Centro Espírita. O salão ficou empoeirado, a mesa desarrumada, os cálices vazios, o que de certa forma provocou embaraço na reunião. Depois de alguns dias de ausência, alguém informou a todos que Oswaldo adoecera gravemente. Vivia só em pequeno quarto humilde e não tinha ninguém que cuidasse dele na dolorosa contingência.

O assunto, levado ao Centro, foi resolvido. Seus amigos o internaram em Casa de Saúde, onde, na enfermaria da Santa Casa, desencarnou quase no anonimato. No enterro, pobre e humilde, alguns poucos amigos; depois de algumas preces nos primeiros dias, o esquecimento.

Ninguém falou mais em Oswaldo. O tempo foi passando e a organização florescia. As bençãos do Senhor bafejavam a casa de atendimento espiritual, e com lágrimas nos olhos seus dirigentes receberam notícia de que entidade de elevada hierarquia passara, por aprovação de Jesus, a colaborar com o Centro. Indagada sua identidade, receberam apenas a resposta de que o tratassem por Clarêncio, que desejava ajudar a todos dentro das suas possibilidades, no caminho da redenção. Tal era a força espiritual do grupo de Clarêncio no plano maior que de imediato as alegrias da colheita de luz se multiplicavam.

Depois de alguns anos, alguns dos freqüentadores assíduos e seus fundadores, paulatinamente, desencarnaram. Diante do novo caminho, encontraram-se, após várias peripécias, em colônia de assistência ainda próxima à crosta terrestre. Passados os primeiros tempos de alegria e esperança no reencontro amigo, sentindo mais fortes suas necessidades de aperfeiçoamento, lembraram-se de solicitar ao generoso mentor Clarêncio, que tantas bençãos lhes derramara quando ainda na Terra, orientação para seguirem adiante. Já poderiam procurá-lo diretamente, recebendo-lhe as instruções.

Não perderam tempo. Na hora da prece, no fim do dia operoso da colônia, recorreram ao instrutor que os atendia e solicitaram permissão para visitar o instrutor Clarêncio.

Foi-lhes difícil realmente conseguir essa permissão. O mentor era ocupadíssimo, diziam. Claro que não se negaria a atendê-los, na generosidade que lhe era peculiar, todavia, para chegar ao plano onde ele residia, havia necessidade de trabalho e realizações de progresso, sem o que era impossível subir até lá.

Ficaram entristecidos, mas não desanimaram. Após meses de esforço conseguiram enfim as credenciais necessárias para a visita.

Oraram ao Pai agradecidos e, conduzidos por desvelado amigo, foram em busca de Clarêncio.

Em assembléia variada, muitos esperavam. Após a prece, uma figura nimbada de luz e aureolada de doce colorido assumiu a direção da tarefa. Falou longamente, esclarecendo os problemas angustiantes do espírito, depois foram eles convidados a entrar em alegre e bem-cuidada sala. Clarêncio os esperava.

Emocionados, entraram. Foi-lhes necessário muito controle para dominar a surpresa. Oswaldo Medeiros de Albuquerque, antigo companheiro, estava diante deles. Ficaram mudos.

Vendo que ninguém encontrava palavras, abraçou-os com carinho, dizendo:

— Perdoem-me. Tanto recebi junto de vocês que quis colaborar de alguma forma junto à casa e a vocês a quem tanto devia. Desculpem-me se o anonimato se fez necessário. Lamento o trabalho que lhes dei na Terra, tão ignorante eu sou!

Foi aí que a barreira se rompeu. Diante de tanta humildade, todos compreenderam por fim por que Clarêncio estava lá!

Marcos Vinícius

A Missão

Aprouve a Deus provar se certo homem, dedicado expositor do Evangelho, estava em condições de exercer um mandato delicado na Terra, visando à causa da Boa Nova. Para tanto, vendo-o adormecido na carne, chamou-o em espírito a um recanto aprazível do Plano Maior. Deslumbrado, nosso irmão compareceu e reverente arrojou-se aos pés de sublime emissário divino, encarregado de transmitir-lhe o mandato luminar. Por entre lágrimas comovidas e júbilo intenso, murmurou, humilde:

– Chamaste-me. Ordena e obedecerei. Serei servo incondicional na execução das tuas ordens.

Abençoando-lhe a cabeça fletida e reverente, o emissário do Senhor falou:

– Oh! Homem. Deus chamou-te hoje para iniciares trabalho importante entre os homens. Para esse trabalho, porém, é necessário primeiro que proves tua fé, que sintas, antes da sua realização, com toda profundidade, a importância da missão da qual te incumbes. Será preciso provar-te a renúncia e a fé na bondade de Deus.

– Fala, mensageiro divino, estou pronto.

– Deseja o Senhor que voltes à Terra, renuncies aos bens materiais que possuís e, distribuindo-os aos pobres, aguardes a manifestação de novas ordens.

Foi-se o espírito e o homem acordou no corpo terrestre surpreso, mas guardando funda impressão da visão ou do sonho que tivera. Recordava-se nitidamente de haver estado em um lugar iluminado e que alguém lhe falara com amor, exortando-o a dar todos os seus bens aos necessitados.

Sem pestanejar, levantou-se resolvido a cumprir o que lhe fora solicitado. Haveria de não desmerecer a confiança do Senhor.

Mas o que lhe parecera fácil a princípio, encontrou logo os primeiros e sérios obstáculos. Não era só. Possuía família. Como despojar os seus do conforto e das facilidades a que se tinham habituado? Não seria certa irresponsabilidade entregar seus bens, deixando os seus na pobreza?

Preocupado, fez um levantamento dos seus haveres e concluiu que possuía muitos. Sua esposa, falando-lhe dos problemas familiares, dos estudos dos filhos, das contas a pagar, convenceu-o de que esse plano não era viável.

À noite, ao deitar-se, orou pedindo ao sublime emissário do Senhor que o convocasse novamente para algumas explicações. Dormiu. Alçado em espírito ao plano superior, prostrou-se aos pés do orientador espiritual e rogou:

– Oh! Venerável amigo, ajuda-me... Se os bens materiais que possuo fossem somente meus, certamente que os distribuiria de bom grado, mas como deixar os filhos e a esposa ao desamparo? Pede outra coisa e eu farei com alegria.

O venerando espírito que o ouvia envolveu-o com o olhar límpido e penetrante, dizendo com voz firme:

– Na verdade, somente te pedimos que desses os teus bens aos pobres. Ora, meu amigo, as partes de teus filhos e de tua esposa certamente não mais te pertenciam e delas não poderias dispor. Contudo, a tua parte poderia aliviar muito o sofrimento dos que choram, e tu serias rico de saúde e de bençãos, poderias trabalhar e ganhar muito mais.

O homem não se deu por vencido:

– Como poderia dar meu dinheiro sem que eles acreditem que enlouqueci? Pede outra coisa e eu farei. Juro que farei.

O lúcido olhar do seu interlocutor pareceu penetrar-lhe o âmago do ser, ao mesmo tempo que lhe respondia:

– Muito bem. Já que não podes desprender-te do dinheiro, começa então a dispor das tuas mãos e trabalha com elas aliviando o sofrimento do próximo.

– Que queres que eu faça? – perguntou ele, sôfrego.

– Que visites os hospitais de Fogo Selvagem, que aprendas a pensar feridas ulcerosas dos mendigos nos albergues da miséria e que levantes os caídos, ajudando-os a reagir e a vencer; que trabalhes para suavizar o sofrimento dos leprosos e dos cancerosos. Mas, lembra-te, só terá valor o que fizeres com tuas próprias mãos.

– Farei como pedes – respondeu o espírito encarnado na Terra, e logo em seguida acordou em seu quarto silencioso.

Esperou o dia amanhecer. Como era domingo, resolveu sair e pôr mãos à obra. Acudiu-lhe à mente o albergue noturno do bairro, e levando alguns apetrechos em pequena valise, saiu disposto.

No albergue não lhe foi difícil descobrir alguns mendigos, estendidos no leito duro, e conversando amistosamente com eles, soube que no compartimento contínuo existia um enfermo com uma das pernas ulcerada a necessitar urgente atendimento.

Intitulando-se enfermeiro, conseguiu autorização fácil do encarregado, pouco interessado na sorte dos abrigados, e dirigiu-se ao doente.

Um odor mais desagradável ainda do que aquele que já existia no ambiente deu-lhe náuseas. Olhou o homem sujo, magro, mal-vestido, estendido na enxerga, e teve ímpetos de fugir. Vencendo a repulsa, aproximou-se. Não sentiu pena, somente nojo. Tinha ideais de caridade, mas não conseguiu sentir piedade.

Não querendo parecer atemorizado diante do encarregado, fez uma limpeza rápida na ferida sustendo a respiração. Despejando um pouco de desinfetante, colocou algumas ataduras e o mais rápido que pôde saiu daquele lugar.

Fora, respirou aliviado. Ia retirar-se quando alguém se aproximou, humilde:

— O senhor foi bem-vindo aqui hoje. Ali na outra sala, separado de todos, está recolhido um leproso com as mãos em chagas. Aguarda remoção para o hospital, mas sofre muito. Não quereria o senhor prestar-lhe alguns serviços aliviando-lhe a superação que muito o incomoda, limpando-lhe e pensando as feridas?

Ouvindo a palavra "leproso", nosso amigo não mais suportou. Saiu correndo assustado e esbaforido, atirando fora a valise com os objetos que carregava, como se ela já estivesse contaminada.

À noite, dormiu e apresentou-se novamente diante do emissário divino.

— Sinto dizer que não pude. Não foi possível. Eles têm médicos e enfermeiros da Terra que são os profissionais indicados para esse fim. Que os atendam. Eu não fui capacitado para isso. Não posso fazê-lo! Dê-me outra tarefa e a desempenharei.

Todavia, a figura excelsa do enviado de Deus, fixando-o com o olhar percuciente, volveu serena:

— Vai por agora, meu amigo. Cuida dos teus afazeres cotidianos, do bem-estar dos teus, faze sempre o bem procurando perdoar, ser paciente e bom.

— Como? — retrucou o homem. Isso venho fazendo. E as tarefas de que o Senhor iria incumbir-me?

— Por enquanto precisamos esperar. Não te pudeste libertar da subjugação dos bens materiais e não possuis coragem, amor e dedicação para trabalhar com tuas próprias mãos a serviço do próximo. Como iniciar a missão que o Senhor te designou se ainda não estás preparado? Sem o desprendimento das ilusões mundanas e sem esforço, sem renúncia, sem fé na proteção de Deus para com o trabalhador escolhido, ninguém, ninguém na Terra poderá considerar-se um discípulo de Jesus e um missionário da Sua seara. Volta à

Terra. Aprende, espera e luta. Um dia, serás chamado novamente ao testemunho. A vida se encarregará de empurrar-te e o sofrimento de sensibilizar-te, e nesse dia poderei então encontrar-te, confiar-te a sagrada missão no Evangelho que o Senhor espera de ti.

E nosso amigo despertou no corpo de carne entristecido e decepcionado. Porém, passados os primeiros instantes, sentiu-se bastante aliviado por não lhe terem dado nenhuma missão a realizar.

Acomodado à lei do menor esforço, continuou seguindo a rotina de sempre, enquanto as bênçãos da luz e do amor que deveriam descer na Terra, através do seu esforço e abnegação, continuariam a esperar.

Lucius

Justiça

Franzindo o sobrecenho, seguro de si e com certa arrogância, dr. Jairo, advogado brilhante e proeminente, levantou-se da elegante cadeira de couro dizendo categórico:

– Impossível! Não posso atendê-lo. O que me pede demanda tempo, e no momento não disponho dele nem para atender melhor aos clientes mais antigos.

O homem humilde e encanecido a sua frente, curvado mais pelo peso dos problemas que o envolviam do que pelos anos que já vivera, arriscou, tímido:

– Doutor! O senhor pode tomar conta do caso. É minha única filha! Há esperança de dias melhores. Com sua ajuda, tudo será diferente. O miserável sedutor haveria de reconsiderar o erro. A lei está do nosso lado. Ela é menor. Pensei no senhor porque fui amigo do sr. seu pai, fiz-lhe alguns favores nos bons tempos. Bem sei que não posso pagar-lhe muito; mas o canalha tem dinheiro e o pai dele não quer que o rapaz assuma a responsabilidade que lhe cabe.

O homem falava comovidamente, com soluços disfarçados na voz, porém o advogado parecia nem ouvi-lo mais, olhando para o outro lado, pensamento distante dos problemas do seu interlocutor.

– Está bem. Deixe os dados aí com minha secretária. Verei o que posso fazer, mas não prometo nada. Meu tempo não permite.

Um tanto decepcionado, com um olhar resignado, o interpelado deixou o nome e os endereços necessários e mal alcançou resposta do advogado quando se retirou, triste.

No fim da tarde, a secretária aproximou-se do dr. Jairo perguntando:

– Quais as primeiras providências para o caso do sr. Alberto?

– Ah!... O Alberto. Qual é o nome do jovem galã que lhe namorou a filha?

– Roberto Sales. Filho do dr. Jaime Borba Sales.

O advogado assobiou, surpreso.

– E aquele paspalho quer que eu me meta nisso! Sabe quem é o dr. Sales? O dono da metalúrgica mais importante da cidade.

– Não vai aceitar o caso, doutor?

– Não sou ridículo. Já pensou o papel que faria? Se a moça iludiu-se foi por falta de juízo ou de orientação no lar. O rapaz é de boa família. Certamente ela agiu de má fé para obrigá-lo a casamento lucrativo. Não vou nem tomar conhecimento do caso.

Levantou-se, esqueceu logo o assunto. Quando encerrava o expediente, não gostava de rememorar o dia estafante. O lar era seu refúgio, para usufruir no conforto e na paz familiar, serenidade e o descanso de que necessitava. Ademais, ele e a esposa tinham um convite para uma recepção naquela noite.

Mas, se o dr. Jairo se esquecera do caso, Alberto não deixou de lhe recordar. Telefonava, passava constantemente pelo escritório, até que um dia, exasperado com a situação, Jairo se aborreceu, dizendo-lhe com desprezo e frieza:

– Olhe, Alberto, não vou tratar do seu caso. Não venha aborrecer-me. Não tenho tempo. Depois, se você não tomou conta de sua filha, nada tenho com isso. Nem mesmo sei se vocês não planejaram tudo para envolver o rapaz, que é rico e de boa família.

Alberto cambaleou, enquanto seu rosto cobria-se de palidez. Sem pensar, atirou-se sobre o advogado em verdadeiro acesso de nervos, e tê-lo-ia agredido se os empregados do escritório não o tivessem segurado.

– Fora daqui, velho ignorante! Não acredito que meu pai lhe tivesse solicitado favores. Mesmo que o tivesse feito, não tenho nada com isso. De uma vez por todas, não me apareça mais. Se voltar, mando prendê-lo!

Quando levado para fora pelos dois robustos funcionários encarregados sempre dessas tarefas comuns em escritórios de certos advogados, Alberto ia mais velho e mais curvado.

Chegando à pequena casa no subúrbio, entrou, procurando esconder suas preocupações.

— Papai, o senhor demorou. Ele já procurou Roberto? Ele voltará para mim?

Diante da jovem aflita e preocupada, o velho pai procurou sorrir.

— Ele é muito ocupado, você sabe. Não teve tempo ainda, mas, logo... amanhã, talvez, ele irá. Não fique assim, eu conseguirei que ele volte para você e para seu filho que vai nascer! Mas, se ele não voltar — continuou ele, acariciando com carinho os cabelos castanhos da filha —, nós haveremos de resolver o problema. Eu estou com você e a ajudarei a criar seu filho.

A moça abraçou o pai, soluçando.

— Como você é bom! Sinto-me feliz a seu lado. Porém, amo Roberto. Sem ele sofrerei muito. Sei que ele quer casar-se comigo, mas é jovem, tem receio da família. Se o dr. Jairo falasse com eles, com o prestígio que tem, o velho Sales reconsideraria e meu filho teria um pai!

O pai, aflito, engoliu as lágrimas, e procurando sorrir, deixou que a filha continuasse a sonhar, certo de que esse assunto estava encerrado. Lamentava os dezesseis anos da mocinha, órfã de mãe e já envolvida pela maldade dos homens. Não se sentia culpado. Sabia que a jovem era bondosa e terna, mas muito sonhadora. Tinha de trabalhar duro e não podia ficar o dia inteiro tomando conta da filha. Em seu íntimo acusava duramente o jovem sedutor, mas nada dizia com receio de magoar a jovem ainda mais.

Os dias que se sucederam foram de dificuldades e dor. A moça, abatida pelas emoções que vinha sofrendo, passava bastante mal, sendo por vezes acometida de crises de angústia e desalento.

O dedicado pai desdobrava-se em cuidados e em dedicação no atendimento das suas necessidades. Aqueles dias foram para eles difíceis e terríveis!

Para o dr. Jairo a vida continuou decorrendo normalmente e ele já estava esquecido do caso Alberto. Dividia sua vida entre as atividades sociais, o lar e sua profissão.

Contudo, voltando à casa certa noite em companhia da esposa, mais cedo do que o costume, surpreendeu um vulto que corria pelo jardim.

É um ladrão, pensou assustado.

– Nossa filha! – sussurrou a esposa. Está lá dentro sozinha!

Sacando da arma que sempre portava, saiu em perseguição do vulto esguio e, vendo-o saltar a grade dos fundos, fez pontaria. Cego de ódio, atirou duas vezes.

Um grito e um baque surdo foram a resposta imediata. Com o ruído, as luzes da casa acenderam-se e alguns criados, assustados, acorreram ao chamamento do advogado. Trazida a lanterna, Jairo, surpreso, verificou que no chão, estendido, gemendo ainda, estava Roberto Sales, o jovem milionário, filho do dono da metalúrgica mais importante da cidade.

Sem compreender, apavorado, atirou fora a arma e gritou por um médico, enquanto carregavam o corpo ensangüentado do moço rico para dentro, estendendo-o na sala de estar, tentando de todas as maneiras estancar o sangue que saía aos borbotões. Tudo inútil. O ferimento fora mortal.

Foi quando Jairo viu a filha aproximar-se aos gritos lancinantes olhando-o com olhar acusador:

– Foi você! Você o matou! Assassino! E agora, o que vai ser de mim e de meu filho?

Jairo estremeceu sentindo que o sangue lhe fugia. Aproximando-se da filha como louco, olhos esbugalhados, sacudiu-a pelos ombros, murmurando com voz sumida:

– Como?! Era com você que ele vinha avistar-se às escondidas? Louca! Não percebeu que ele era leviano e perverso? Que nada impedia que se casassem normalmente? É verdade o que estou pensando?

Mas a moça, esgotada e nervosa, olhando fixamente o corpo inanimado do rapaz, desfaleceu sem nada responder.

E, enquanto ela era socorrida pela mãe, aflita, e a polícia comparecia ao local, Jairo apenas via diante de si o rosto dolorido e aflito de Alberto a suplicar-lhe ajuda.

Marcos Vinícius

Terrível Engano

A casa regurgitava. O colorido imponente e alegre das noites de gala casava-se bem ao luxo do ambiente requintado. Pares passavam alegres pelos jardins bem-cuidados enquanto, no salão, o burburinho das palestras animadas era abafado pelo bulício da música.

Uma jovem graciosa saiu de repente do salão a sorrir e, a passos rápidos, olhar malicioso, dirigiu-se sorrateira ao jardim. Desejava surpreender uma amiga que saíra a esconder-se naquele recanto, com a grata notícia que acabara de receber. Célio finalmente lhe propusera casamento. Há tempos que o amava e desejava ardentemente aquele pedido. Finalmente o seu maior desejo concretizara-se justamente na festa do seu aniversário.

Ruth ficaria feliz com a novidade. Eram amigas de longa data, companheiras de colégio, estimavam-se, embora Ruth fosse de origem humilde. Sua mãe trabalhava duramente para custear-lhe os estudos, e findos estes, a moça preparava-se já para conseguir um emprego e ajudar a mãe.

De repente estacou. O sorriso desapareceu-lhe dos lábios róseos. Vozes vinham do canto onde Ruth se tinha refugiado. Aproximou-se, surpresa. Célio estava com ela! Ruth soluçava. Precisava ouvir o que diziam. Escondeu-se atrás de um arbusto enquanto seu coração batia descompassado. Uma suspeita, a princípio absurda, mas que depois se foi evidenciando mais, surgiu-lhe no íntimo angustiado. Apurou os ouvidos para ouvir melhor:

— Ruth, você precisa compreender e perdoar. Já fiz tudo quanto podia por você.

— E meu filho que vai nascer? Como farei para enfrentar minha mãe, que sempre se sacrificou por mim? Preciso destruir essa criança. Dê-me dinheiro e ela não nascerá cobrindo-me de vergonha.

O rapaz alisou-lhe os cabelos e disse com carinho:

– Não faça isso! Não darei o dinheiro para você cometer esse crime. Mas prometo a você que jamais deixarei de ajudá-la e principalmente a essa criança, que me será muito querida.

– O que me pede é desumano. Por que meu filho deve nascer sem pai?

– Você sabe Ruth, a sociedade, os preconceitos ainda estão muito arraigados no coração dos homens. Minha família não concordaria com esse casamento...

Júlia, sentindo o sangue fugir-lhe das faces, sentiu que não mais podia suportar a cena. Saiu dali, completamente transtornada. Dirigiu-se ao seu quarto e seu primeiro pensamento foi chorar. Depois, violento pensamento de ódio tomou conta do seu coração.

Fora enganada! Covardemente enganada. Ruth era amante de Célio, e depois de casados, ele ainda continuaria a ampará-la!

Seu primeiro impulso foi o de romper o compromisso tão recente. Mas, depois, pensando melhor, resolveu aproveitar-se dele para se vingar. Não contaria a ninguém o sucedido e casar-se-ia, embora soubesse que ele fazia isso para agradar a família.

Foi-lhe difícil descer novamente ao salão e representar o papel da namorada feliz, tendo no coração o fel do ódio e da vingança. Contudo, conseguiu seu intento, e depois de seis meses de noivado, seu casamento efetivou-se.

Fingindo ignorar tudo, não se podia furtar a um sentimento de repulsa vendo o carinho e as atenções que o marido lhe dispensava, cobrindo-a de delicadezas e de amor.

Depois do seu casamento, Ruth tinha viajado e não mais a vira; contudo, tinha a certeza de que Célio sabia onde ela se encontrava.

Um dia foi surpreendida pela presença do marido em hora desusada. Admirada, viu que ele trazia nos braços uma criança. Seu coração sofreu um golpe violento. Júlia procurou disfarçar.

Era muita audácia. Com certeza era o filho de Ruth. Sufocando a revolta, esperou. O marido, com fisionomia calma, com ternura no olhar, aproximou-se e colocou-lhe a criança nos braços. Júlia estremeceu e teve ímpetos de atirá-la longe. Controlou-se.

– Veja, meu bem. Este menino é filho de Ruth.

Júlia olhou o garoto e a semelhança com a mãe era evidente, mas também viu logo os traços do marido refletidos no rostinho delicado da criança adormecida.

– Meu bem, preciso contar-lhe algo... Ruth está morta. Desde que o filho nasceu, ela adoeceu gravemente e nada se pôde fazer. Comprometi-me com ela a tomar conta do seu filho, e por isso trouxe-o para cá. Certamente você não se negará a recebê-lo. Ela era tão sua amiga!

Júlia não sabia o que fazer. Guardara seu segredo durante tanto tempo, mas naquele instante sentia-se incapaz de aceitar a atitude do marido. Cuidar do filho dos dois que a tinham traído duramente? Era demais!

Por outro lado, com a criança em seu poder, poderia melhor vingar-se do marido. Calou sua revolta e aceitou a criança, levando-a para o quarto.

O tempo foi passando, e à medida que transcorria e o menino crescia, sua semelhança com Célio acentuava-se. Porém, seu caráter bem cedo revelou-se diferente do marido de Júlia. Ela não tivera filhos, e embora se tivesse afeiçoado de certa maneira ao rapaz, ainda acariciava secretamente o desejo de vingar-se. Por isso, às escondidas do marido, permitia que o jovem Rubens freqüentasse maus ambientes, bem como que se habituasse à bebida e a todos os desregramentos do seu caráter fraco e leviano.

Rubens, criado com muito dinheiro, à larga, atiçado pela mãe adotiva, acabou viciando-se em entorpecentes, e, metido em sérias complicações com a polícia, foi levado para a prisão.

Júlia estava vingada. Pagara a traição com traição, hipocrisia com hipocrisia. Chegara a hora da desforra.

O marido, desolado e abatido, refugiara-se no escritório acompanhado pelo irmão mais velho, advogado, que o assistia naquela hora difícil. Júlia estava disposta a revelar a verdade e a saborear a vingança total. Esperara vinte anos, mas estava vingada.

Entretanto, chegando ao aposento, surpreendeu-se com o rumor de vozes emocionadas. Por entre a porta entreaberta pôde ver que José, seu cunhado, cabeça enterrada nas mãos, soluçava baixinho. A voz de Célio dizia:

— Você devia ter se casado com Ruth. O fato de ela ser pobre não devia tê-lo impedido. Mas, quem nos garante que isso teria evitado a queda de seu filho? Júlia teve para com ele cuidados de mãe. Como Ruth teria tido. Fizemos o que pudemos. Eu amparei Ruth por você.

Júlia naquele instante compreendeu a verdade. Célio era inocente! Ruth também. A vingança tinha agora sabor muito amargo. Convulsionada, aflita, sentindo fundo arrependimento no coração, não pôde suportar. Com tremendo grito, caiu ao solo desacordada.

Abalada por violenta comoção cerebral, Júlia ficou com os membros paralisados. Não podia falar, e durante muitos anos, só podendo ouvir, foi testemunha muda do carinho do marido que levara sua doença à conta do muito amor que Júlia tinha pelo filho. Porém, Júlia, na agrura do seu remorso, via acercar-se do seu leito de enferma o espírito dorido e triste de Ruth a lhe pedir contas do filho que lhe confiara ao coração.

Marcos Vinícius

Ressurreição

Era noite alta. O vento soprava rijo, projetando nas calçadas sombras fugitivas dos galhos das árvores sibilantes.

Ninguém. Silêncio nas casas que guardavam o sono nem sempre tranqüilo de seus habitantes.

Bairro pobre. Súbito uma luz, a princípio vaga, apareceu como que vinda do infinito dos céus.

Aproximou-se, agigantou-se, e pude perceber que um grupo de seres de elevada hierarquia espiritual baixara à rua deserta.

Carregavam precioso fardo com carinho e desvelo. Vi que se tratava de uma criança. Luz radiosa espargia de sua figura adormecida e suave sentimento de amor envolveu-me a alma ao fitá-la.

Acerquei-me e apresentei-me. Recebido com cortesia, permitiram-me acompanhá-los.

Dirigimo-nos a um humilde barracão de madeira, onde, em pobre mas asseado leito, jovem casal adormecido tinha ao lado cinco filhinhos que, encolhidos em uma só cama para se aquecerem, também dormiam tranqüilamente.

À nossa chegada, fomos recebidos em espírito pelo jovem casal, cujos corpos estendiam-se no leito.

Pareciam surpresos com nossa presença. Um dos companheiros, exibindo-lhe o precioso fardo, falou comovido:

– Meus filhos. Trouxemo-lhes preciosa dádiva do Senhor que virá enriquecer-lhes o lar ainda mais. Trata-se de um amigo que precisa desempenhar elevada tarefa de redenção no mundo. Será seu filho na Terra.

O jovem casal olhou-se aflito:

– Não podemos – replicou ele. O que ganho não dá para o nosso sustento. Se vier para cá, representará miséria e desespero. Não será feliz ao nosso lado.

Com um olhar meigo, o portador divino observou:

– Não tema o amanhã. Aceita a dádiva do Senhor. Este filho só poderá dar-lhes alegrias. Recebendo-o no lar, estarão recebendo a todo nosso grupo que, para protegê-lo, também os protegerá. Não lhes digo que serão ricos de fortuna amoedada, porque é preciso que ele, tanto quanto vocês, aprendam a viver na luta árdua das dificuldades da vida, mas haverá o suficiente e jamais faltará o pão de cada dia.

Todavia, a jovem mulher, com um gesto de horror, correu para a cama onde dormiam seus filhos e tornou:

– Não posso. Já não agüento mais cuidar de tantos filhos, com poucos recursos. Não posso dormir direito, minha vida é só lavar, passar, cozinhar, sem descanso ou paz. Meu marido sai e não posso acompanhá-lo por causa dos filhos. Estou cansada. Chega. Por que temos nós que receber todos? Há outros casais de posses que poderão arcar com a responsabilidade de mais um. Eu não!

O mensageiro, embora entristecido, procurou envolver a jovem mãe com amor:

– Não recuse o que lhe trazemos! Olha para ele radioso e belo, que deseja apenas que não lhe cerrem as portas da vida por onde deseja trabalhar e servir. Vem para ajudar a humanidade sofredora e trará grandes benefícios ao mundo. Já estivemos nas mansões daqueles que poderiam dar-lhe conforto, contudo, voltados às satisfações e compromissos sociais, não têm suficiente amor e dedicação no coração para oferecer-lhe. Muito serão auxiliados se o receberem.

Porém, a jovem esposa atirou-se aos braços do marido em lágrimas de desespero e bradou:

– Não quero! Não deixe! Não quero!

E num desejo supremo de fugir ao compromisso indesejável, atirou-se ao seu corpo que dormia no leito, acordando assustada e aflita.

Sacudiu o marido, acordando-o, e disse-lhe, nervosa:

– José, sonhei que ia ter outro filho. Amanhã sem falta vou ao posto médico buscar as pílulas. Não posso mais. Isso parece um pesadelo.

E, enquanto naquele cérebro a visão das pílulas anticoncepcionais acionavam as leis do futuro, nosso grupo, envolvendo com amor o precioso fardo, retirava-se entristecido, procurando outra oportunidade de fazer descer à Terra aquela benção de luz.

Gustavo Barroso

O Canto do Cisne

Orozimbo Maia, homem de opinião firme e atos positivos, procurava sempre que possível externar suas idéias ostensivamente.

Não perdia ocasião para deixar claro que, apesar de ser religioso e de respeitar a Igreja, somente acreditava no que via ou podia constatar pessoalmente.

Sorria com ironia quando aventava a existência da alma fora do corpo e sacudia a cabeça ceticamente frente às histórias das manifestações espíritas, por mais positivas que pudessem ser.

Para todo fenômeno, possuía explicação dentro das causas materiais.

– A Parapsicologia – costumava dizer, empolgando-se com o termo científico, – dá-nos todas as explicações para as manifestações extrasensoriais.

E muitos confundiam-se diante da sua convicta argumentação, e perdiam-se com ele na negação sistemática e constante.

Contudo, certo dia, Orozimbo adoeceu.

Febre alta, sentia-se consumir de sede e agitação. Vindo o médico, constatou-se a manifestação de singulares sintomas de diagnose difícil.

Testes de laboratório os mais rigorosos, radiografias e tudo o mais foi feito sem que a causa da singular enfermidade aparecesse. E Orozimbo cada vez pior.

Tinha visões dolorosas, onde as águas cristalinas e frescas que lhe mitigariam a sede avassaladora sempre afastavam-se quando as alcançava.

Definhando, sem alimentar-se quase, veio afinal o desengano dos médicos, impotentes para salvar-lhe a vida restituindo-lhe a saúde.

Prepararam, então, Orozimbo para morrer.

O padre compareceu, e vendo-o, o enfermo, mudo e sem forças, compreendeu seu trágico dilema.

Impossibilitado de falar por extrema fraqueza, sentiu que um pavor indomável tomava-lhe conta do ser.

Não queria morrer! Era ainda moço. Temia a morte!

Via vultos sorrateiros a rondar-lhe o leito de dor, dirigindo-lhe todas as ironias que ele mesmo costumava dizer aos outros.

– Por que tens medo? Não vês que nada há depois da morte? É o eterno descanso! – Ou então:

– Por que te assombras? Vem comigo e poderás ver com teus olhos o que desejavas e pedias. Vem e te mostrarei!.

E o vulto aproximava-se do leito, e ele chegava a sentir-lhe o bafo frio a enrijecer-lhe o corpo convulsionado.

Orozimbo sentiu-se no limiar da vida e da morte. Até que, no auge do pavor, berrou com todas as forças que conseguiu reunir:

– Por favor! Um passe! Quero um passe!

– Não repare, senhor padre, ele está delirando. Logo ele dizer isso!

O padre, meio desconfiado, começou a oficiar seu ritual, mas quando se prontificou a ouvi-lo em confissão, o doente arregalou os olhos injetados e tornou:

– Quero um passe, por caridade, um passe.

O padre perdoou o desvario do pobre enfermo, e cumprindo à revelia sua tarefa, retirou-se.

Mas a família, depois de muito hesitar, diante da insistência do enfermo e tratando-se da sua última vontade, saiu em busca do socorro pedido.

Veio o amigo espírita, orou e deu o passe. Com a ajuda de Deus, o enfermo adormeceu tranquilo. A febre foi baixando e seu estado melhorando.

Submetido a tratamento espiritual, Orozimbo conseguiu ressurgir para a vida novamente, recuperou a saúde.

E por penitência a que se impôs pelos erros do passado, passou ao outro extremo. Não mais acreditava na Ciência humana e emprestava às coisas mais corriqueiras significado espiritual.

Cedo desiludiu-se, moderou-se e hoje, compreendendo a realidade da vida, sabe interpretar com equilíbrio aquela máxima de Jesus: "Dai a César o que é de César e a Deus o que é de Deus".

Marcos Vinícius

Egoísmo

João de Souza e Antônio da Silva eram amigos inseparáveis. Haviam se sentado juntos nos bancos escolares, sido companheiros nos divertimentos e folguedos da juventude.

Tinham se casado quase que ao mesmo tempo e, já na idade madura, continuavam a manter em suas famílias os mesmos laços de amizade.

Entretanto, embora amigos, não se assemelhavam muito quanto ao temperamento. Talvez por isso mesmo sua amizade tenha conseguido manter-se através dos anos.

Porque se João era orgulhoso, intolerante, mordaz, Antônio era simples, compreensivo, afetuoso. Não levava a sério a sua mordacidade, seus comentários ferinos e prazerosamente colocava-o na posição de tomar as iniciativas nos passeios e oferecia-lhe sempre o primeiro lugar em tudo, o que o outro aceitava sem perceber, ciente interiormente de que era superior. Como amigo, compreendia isso.

Como às vezes acontece, Antônio não tinha uma esposa muito compreensiva, mas era honesta e cumpridora dos seus deveres. O marido respeitava-a e a amava, não dando muita importância ao seu nervosismo.

Isso colocava Antônio em situação de inferioridade diante do amigo, que o considerava um fraco, quando ele, João, não admitia que sua mulher sequer elevasse a voz.

Mas Antônio não se importava. Sorria contente e procurava desculpar ainda mais suas atitudes, coisa que fazia com extrema naturalidade.

Certo domingo de madrugada, foram a uma caçada há muito programada. Preparam tudo na véspera e ainda antes do amanhecer saíram levando seus pertences.

Desceram o rio, e depois de uma hora, embrenharam-se na mata cerrada. Passaram o dia relativamente bem. Se a caça não fora conseguida, tinham passado um dia calmo em contato com a natureza.

Ao entardecer, quando se preparavam para o regresso, de repente, o dia que fora ensolarado transformou-se. Enorme temporal ameaçava desabar e as faíscas elétricas cruzavam o céu, com alarmantes trovões.

Apressaram-se a regressar.

No entanto, depois de remarem alguns minutos, a torrente desabou, com fúria desesperada.

– Vamos voltar – ordenou João, apavorado. – Ficaremos até a chuva passar.

Mas era tarde.

A correnteza violenta carregava o barco e as remadas dos viajantes eram insuficientes para levá-lo rio acima.

Depois de muita luta, o barco partiu-se e ambos foram arremessados na água. Agarraram-se em um dos pedaços do barco, procurando manter-se à tona. Infelizmente ele não era suficientemente forte para ambos.

Percebendo que afundavam, João, para salvar-se, não teve dúvidas: arrancou as mãos de Antônio do barco e procurou impedir que ele o apanhasse de novo.

Viu o olhar apavorado do amigo, mas não se importou. Pouco o molestava que Antônio morresse, era ELE quem precisava viver. O amigo desapareceu no turbilhão das águas revoltas e João agarrou-se com todas as suas forças na sua tábua de salvação.

Atirado por uma vaga perto da margem, conseguiu por fim agarrar-se em um galho de árvore e içar-se à terra firme.

Estava, porém, em local de mata cerrada e a noite era muito escura. Suspirou aliviado. A chuva caía forte e João procurou abrigo. Entrou o mais rápido que pôde em uma gruta, tiritando.

Nem um pensamento de pesar pelo amigo perdido. Sentou-se. Tirou a roupa molhada. Mas seu alívio foi temporário. Um ruído, um grito e João, apavorado, sentiu suas carnes sendo rasgadas pelos dentes e pelas garras da onça. Perdeu os sentidos.

Quando acordou, fora o sol ia alto. O primeiro quadro que viu foi um corpo apodrecido, coberto de bichos, no centro da gruta. Compreendeu que era o seu.

Num grito de horror afastou-se e pensou nos familiares. Não sabe como, foi para casa. Ao entrar, que surpresa! Antônio e a esposa, na sala, conversavam com sua própria mulher, chorosa.

– Pois é, d. Rosa. Se o pobre do João não se afobasse, teria sido salvo. Pouco depois, rio abaixo, havia um acampamento de escoteiros. Salvaram-me e o teriam salvo também se ele fosse um pouco mais calmo. Conforme-se, d. Rosa. É a vida...

João, ao lado, chorava arrependido.

E, durante muito tempo, por aquelas bandas, quem descesse o rio em dia de tempestade temia encontrar o fantasma de um homem sem roupas, a gritar, a pedir socorro, querendo voltar o tempo para reparar seu erro.

Gustavo Barroso

Vingança

Certo habitante do plano espiritual, imbuído da ilusão de fazer justiça com as próprias mãos, resolveu que havia chegado o momento de agir, cobrando do seu devedor encarnado na Terra a velha dívida que o mantivera durante tanto tempo em sofrimento e revolta.

Informando-se da vida que seu algoz de ontem e sua futura vítima levava, consumiu-se ainda mais no desespero, tendo observado que o mesmo usufruía de vida farta no conforto dos bens e aproveitava o mais que podia, com saúde excelente e muitos amigos.

De início pensou em uma maneira de obrigá-lo a morrer para que pudesse perder as vantagens que tão injustamente desfrutava. Mas, pensando melhor, cogitou que a morte não representava grande castigo porquanto talvez o afastasse da sua proximidade, representando pena irrisória frente às maldades sofridas.

Não. A morte seria pouco, muito pouco. O melhor seria conseguir uma maneira de fazê-lo sofrer, torturando-o lentamente, a fim de que pudesse contemplá-lo por muito tempo a contorcer-se em dor na aflição sem limites.

Para isso, resolveu recorrer a um espírito que habitava nas profundezas das trevas, nos abismos da crosta terrestre. Sabia-o perverso e vingativo, contava persuadi-lo a ajudar na empreitada, ainda que para isso empenhasse muitos anos servindo-o para pagamento dos favores conseguidos.

Preparou-se para a viagem, e, apesar das dificuldades e terrores do caminho, conseguiu por fim encontrá-lo e fazer o pacto de ajuda mútua nos postulados da justiça com as próprias mãos.

Ficou então planejado que iriam em noite próxima à casa do homem, na Terra, estabelecer ligação entre ele e as entidades da sombra que deveriam conduzi-lo ao erro e aos vícios, à obsessão e ao suicídio. Tudo em prazo lento e com requintes de perversidade.

Noite alta. As duas sombras sinistras, acompanhadas de perto por vultos escuros e fantasmagóricos, entraram no palacete de luxo, sentindo seu ódio crescer diante da suntuosidade do ambiente.

Sentado em uma poltrona, tendo um livro nas mãos, um homem de idade mediana lia, sem muito interesse. Ao lado o copo de uísque gelado. Seu rosto refletia a finura do homem de cultura e de trato. Suas roupas finíssimas estabeleciam um clima de elegância, que seus gestos complementavam.

As duas sombras aproximaram-se antegozando o prazer da vingança. Não importava a presença de alguns amigos da vítima que se espalhavam pela sala com distinção e simpatia. Começaram a agir. Lentamente iniciaram uma operação de ligação da mente da vítima com uma furna do umbral. No mesmo momento, deu entrada na sala uma figura horrenda. Seu perispírito deformado mal deixava perceber que aquilo fora uma criatura humana.

Entrou e postou-se ao lado do cavalheiro, e no mesmo instante ambos ligaram-se a tal ponto que pareciam pertencer ao mesmo corpo.

Vendo o homem estremecer e empalidecer de súbito, as duas sombras trocaram risos de vitória, e chasqueando alegres, saíram satisfeitas enquanto diziam:

— Deixemo-lo por ora. Daqui a alguns dias voltaremos para ver como a coisa vai.

Entretanto, dali a cinco dias, quando planejavam a visita a sua vítima, viram entrar esbaforido e assustado o espírito que haviam ligado à mente do homem na Terra.

Como?!... Não era possível! A ligação fora desfeita.

Assustados e sem compreender, perguntaram:

– O que aconteceu?

– Quem o socorreu?

A pobre sombra assustada do espírito das trevas esclareceu:

– Quando me levaram a ele, disseram-me que poderia alimentar-me com suas forças. Que se tratava de alguém com vida boa e que iria servir-me, proporcionando-me os prazeres antigos da vida. Mas, oh! Desilusão... Quando olhei para ele, saíram formas de bichos tão horríveis que tentavam enforcar-me, e em vez de eu dominá-lo para servir-me, era ele quem me comandava, obrigando-me a suportar o quadro miserável dos seus pensamentos que me agrediam qual monstros das trevas e do terror. Sofri o máximo que alguém pode sofrer, até que me pus a gritar, e posso dizer que alguns filhos da Luz, apiedados dos meus sofrimentos, libertaram-me, sob a promessa de não mais voltar lá.

As duas sombras emudeceram de surpresa e desilusão.

– Mas não se preocupem, posso garantir que o tempo se encarregará dele para fazer justiça. E o fará muito melhor do que nós, porquanto ninguém suportaria ficar com ele por agora.

Os dois concordaram, e dispostos a esperar, resolveram não voltar mais aos planos de vingança.

Marcos Vinícius

Tentação

Era noite. O céu escuro prenunciava a tempestade iminente. Nosso barco, açoitado pelos enormes vagalhões, debatia-se para permanecer à tona, enfrentando luta desigual e inclemente.

No convés, vozes alteradas do comandante e seus imediatos tentavam sobrepor-se ao ribombar dos trovões. O ruído do mar casava-se ao tremendo ulular da tempestade, já então desabando implacável.

Fechados no camarote, eu e Vera, assustadíssimos e enjoados, nos mantínhamos calados, enquanto febrilmente nosso cérebro procurava coordenar as idéias, tentando dominar o tremor nervoso que nos acometia.

No escuro, pois a luz se apagara, eu divisava à luz faiscante e tétrica dos relâmpagos, a face branca e convulsionada de minha esposa. Amarrada ao leito, permanecia de lábios entreabertos, sem poder falar, transparecendo nos seus olhos muito abertos o terror sem limites.

Quando a nossa angústia chegou ao auge, uma voz berrou à nossa porta:

– Apressem-se. Vamos deixar o barco. Vai afundar. Temos dez minutos para sair! No convés, todos!

Às pressas, desamarrei o cinto que me prendia ao leito, e apesar dos trancos, tentei manter-me em pé, agarrando-me desesperadamente à cama.

– Ajude-me, Vítor! Não consigo desamarrar a corda.

Foi aí que nasceu em mim a idéia hedionda, com a rapidez do relâmpago que nos iluminou por segundos. Por que haveria de soltá-la? Por que salvar da morte a mulher adúltera que enodoara meu nome e minha dignidade? Ninguém poderia saber que ela ficara ali, presa no camarote do barco.

– Pelo amor de Deus, Vítor – gritou ela apavorada. – Solte-me, senão não chegarei a tempo.

Olhei-a com ódio e procurei sair da cabina. Com algum esforço consegui e tranquei a porta por fora. Fui varrido por uma onda que ao mesmo tempo impediu-me de ouvir os gritos de Vera implorando socorro, dizendo-se inocente.

Eu estava insensível. Surpreendera os dois em flagrante. Vera proclamara-se inocente, mas como acreditar?

Havia a sociedade, minha profissão, minha reputação. Como poderia manchá-las com tal escândalo? Havia também nossa filha Beth, de dois anos. Algum dia se envergonharia da mãe.

Aparentando uma calma que estava longe de sentir, expulsara o falso amigo e, num desejo insopitável de arranjar a situação de modo a não me comprometer nem mergulhar na lama, resolvera viajar com ela para encontrar a solução ideal.

Ela aparecera naquela noite na cumplicidade da tormenta. O rostinho de minha filha veio-me à mente, como se intercedesse pela mãe traidora.

Vacilei. Levantei-me a custo, sentindo a boca cheia de água salgada, que me provocou vômitos em profusão. Reagi.

Cambaleando, voltei sobre meus passos, corri para a cabina, abri a porta onde Vera, libertada da cinta que a prendia ao leito, parecia uma folha açoitada pelo vento. Abracei-a com força.

– Vamos – disse-lhe

Ela mal podia andar. Fomos os últimos passageiros que embarcaram na lancha salva-vidas.

Quando nossa emoção serenou, Vera, encolhida, tiritando, não ousava aproximar-se, talvez rememorando minha felonia.

Lágrimas banharam-me a face. Quando o dia amanheceu e a tempestade aplacou, também em meu coração a selvageria e a fúria que rugiam dentro de mim se tinham aplacado.

Aproximei-me, abracei-a com carinho e pedi-lhe perdão. Ela respondeu num sopro, enquanto encostava seu rosto pálido em meu peito:

– Nada tenho a perdoar. Só desejo dizer que sou inocente. E, por incrível que possa parecer, acreditei. Esqueci. Vivemos felizes durante muitos anos.

Trinta anos depois, quando regressei à Pátria Espiritual, descobri que era verdade. Vera sempre fora inocente. Senti-me feliz por ter voltado naquele dia, por não ser um assassino e ter hoje de chorar odiando a mim mesmo.

Renato Mursi Penha

Dar e Pedir

Dona Maria de Lourdes, dedicada estudiosa do Espiritismo, costumava todas as tardes recolher-se em oração em benefício dos sofredores. Onde quer que suspeitasse uma dor, um problema, d. Maria de Lourdes anotava o endereço e pedia, pedia.

Suas preces eram sinceras e comoveram os espíritos do bem, que interessando-se por ela, passaram a assisti-la com dedicação e assiduidade.

Assim sendo, mercê da bondade de Deus e das possibilidades de cada um, muitos conseguiram atendimento. Dona Maria, emocionada, continuava orando, orando.

Observando-lhe por algum tempo as preces fervorosas e sinceras, Juvenal, amigo espiritual encarregado pelo plano superior para assisti-la, começou a pensar em ajudá-la ainda mais. Tanta dedicação era meritória – pensava ele – e tanto amor naquela bondosa mulher certamente poderia construir preciosa sementeira na obra de redenção da humanidade.

E Juvenal, espírito recém-saído das dolorosas experiências terrenas, arquitetava planos de propagação evangélica e de regeneração dos espíritos sofredores. Imbuído dos mais sublimes objetivos, Juvenal compareceu diante do seu superior e solicitou, para Maria de Lourdes e ele, um campo maior e mais objetivo de trabalho. Enumerou as preces sublimes de sua tutelada, sua convicção espírita. Ela, a seu ver, seria instrumento excelente na Terra para a sementeira do bem.

O mentor sério e atencioso que o ouvia, porém, respondeu-lhe com bondade:

– Juvenal, nossa irmã guarda grandes possibilidades de cooperação nas obras do bem. Temos procurado ampará-la da melhor forma possível. Contudo, não aconselhamos nenhuma obra de maior responsabilidade por enquanto.

Decepcionado, Juvenal argumentou:

– Talvez uma obra grande não, mas um pequeno grupo de passes, onde poderíamos melhor atender ao sofrimento humano, consolando e servindo em nome do Senhor e, mais tarde, um abrigo para órfãos ou para velhinhos abandonados.

O mentor sorriu com bondade e esclareceu:

– Por enquanto nada. Nossa irmã, embora guarde boas possibilidades para o porvir, ainda não se dispôs ao trabalho ativo em favor do próximo, e não lhe devemos violentar o livre arbítrio.

Mas, observando que Juvenal, calado e respeitoso, não estava muito convicto, assegurou:

– Todavia, resta-lhe a possibilidade de tentar...

O rosto de Juvenal iluminou-se:

– Permite-me?

– Sim. Amanhã mesmo poderá fazer uma tentativa.

Agradecido, Juvenal despediu-se e imediatamente começou a diligenciar em favor do seu objetivo.

Na mesma rua em que d. Maria de Lourdes residia havia uma mulher infeliz. Espírito amoroso e sensível, porém preso à trama do passado, debatia-se cercada por obsessores cruéis que a vampirizavam. Nesse conluio sinistro, pouco a pouco, a infeliz, sem forças para libertar-se, reencarnada por necessidade regenerativa em ambiente devasso, cedo resvalara para o deboche e o erro, chegando aos maiores desastres. Jovem ainda e suportava a dor da degradação e do vício.

Juvenal, contudo, sabia que a jovem trazia o princípio da regeneração em si. Trouxera do plano espiritual grande vontade de reajustar-se no bem, arrependida dos erros passados. Entretanto, assediada pelos companheiros de outros tempos, caíra-se-lhe a resistência e fora arrastada ao fracasso.

Havia, todavia, a possibilidade de, através do Evangelho no trabalho amoroso, esclarecer aqueles corações em desequilíbrio.

Assim, Juvenal procurou a jovem mulher e, envolvendo-a carinhosamente, inspirou-lhe pensamentos de otimismo. Encontrou-a debilitada. Pensamentos suicidas regurgitavam em sua mente. Condoído, inspirou-lhe sentimentos novos, sugerindo-lhe a figura de d. Maria de Lourdes.

A jovem a princípio não aceitou, mas depois, sentindo-se só e desesperada, decidiu-se a procurar a figura de tão bondosa mulher.

Saiu. Juvenal sentia enorme alegria. Timidamente ela tocou a campainha. D. Maria de Lourdes, ao vê-la, encolheu-se um pouco, olhando assustada por todos os lados.

A infeliz mulher estava humilde:

– Desculpe-me vir aqui – balbuciou sem jeito, – mas estou tão só e desesperada! Sombras tenebrosas me envolvem e tenho sofrido muito. Vim pedir-lhe ajuda.

D. Maria de Lourdes, um pouco corada e falando baixo, respondeu apressada:

– Sinto muito, mas nada posso fazer. Rogo-lhe que não me procure mais, alguém nos pode ver juntas... – embaraçada, gaguejou com voz piedosa. – Vá na certeza de que vou pedir a Deus pela senhora. Agora, adeus.

E sem esperar mais, fechou a porta a toda pressa.

Juvenal, enquanto procurava socorrer como podia a mulher infeliz, viu a seu lado seu orientador espiritual, que confortando-o bondosamente, disse-lhe:

– Não se aborreça, meu caro. Nossa irmã, por enquanto, está apenas na fase de pedir. Como sabemos, há sempre grande maioria interessada em pedir, mas raros, muito raros são aqueles que compreendem a necessidade de dar.

E envolvendo a pobre mulher em eflúvios de amor, ajudou em silêncio Juvenal que, cabisbaixo e calado, acompanhava sua tutelada de volta ao lar.

Marcos Vinícius

A Cilada

— Pelotão à direita, volver! Marche! Um, dois... um, dois...

Moacyr Gonçalves de Azevedo observou orgulhoso a coluna de homens que a sua frente se movimentava com garbo e disciplina.

Havia três anos ocupava o posto de sargento do exército e preparava homens para a defesa da pátria. Era com verdadeiro enlevo que acompanhava o progresso dos recrutas que estavam sob suas ordens, observando orgulhoso seu adestramento, como um pai contempla os progressos dos filhos. Em suas mãos, os mais indisciplinados tornavam-se maleáveis e os distraídos mais responsáveis.

O Sargento Moacyr orgulhava-se também de sua folha corrida, onde algumas observações elogiosas tinham sido anotadas pelos seus superiores. Não havia ninguém que gostasse tanto quanto ele das atividades que exercia.

Seu rosto reluzia de satisfação principalmente ao comandar os exercícios no pátio, observando o fruto do seu trabalho na postura elegante dos soldados eretos, no brilho das botas impecáveis, no compasso rítmico da marcha cadenciada.

Para conseguir esse resultado, mantinha o máximo rigor. Não permitia nenhum deslize. Ao toque de reunir, já seus olhos experientes e penetrantes observavam os detalhes mais insignificantes em desacordo com sua férrea disciplina e punia impiedosamente o desatento. Por qualquer infração cortava a saída do recruta na folga habitual, colocando-o a serviço nas mais desagradáveis tarefas.

Era por isso antipatizado por grande parte dos moços que viviam espreitando sua vida, seus hábitos, a fim de surpreendê-lo em falta e "casualmente" permitir que um superior descobrisse.

Mas, para decepção deles, o sargento Moacyr era impecável. Não dava nenhuma brecha.

Enervado, João Benevides, moço mal-apanhado e de costumes pouco honestos, resolveu pregar uma peça ao sargento. Ele haveria de pagar com esses ares de "patrão", orgulhoso e mandão!

Ruminou, ruminou, e resolveu que se o sargento não cometia faltas disciplinares, ele haveria de arranjar-lhe uma que por muito tempo o fizesse baixar o olhar altivo e patronal.

A empresa não era fácil, e depois de dar tratos à bola, Benevides decidiu-se pela cilada.

Havia uma que certamente o faria cortar volta. Corria pelo quartel um zunzum de que se suspeitava da conivência de alguns soldados no desvio de armas, que seriam vendidas a terroristas. Ele sabia muito bem como incriminá-lo. Sabia onde o chefe do depósito guardava as chaves e, à noite, sorrateiro, penetrou no alojamento dele, roubando-as.

Tinha tudo preparado. Com massa tirou-lhe o molde e recolocou-a no lugar. Quando saiu em seu dia de folga, mandou confeccionar a chave, dizendo ao chaveiro que cumpria ordem do sargento. Isso feito, arranjou jeito de colaborar na faxina do depósito e, sem que ninguém percebesse, escondeu duas metralhadoras no meio da roupa suja que levava no carrinho de limpeza. Sem que ninguém percebesse, escondeu-as no carro com o qual o sargento sairia naquele dia. Depois, disfarçadamente, colocou a chave que mandara fazer no bolso do sargento.

Isso feito, continuou por ali aguardando o resultado. Certamente o chefe do depósito já teria lido seu bilhete anônimo denunciando o sargento.

Seu olhar luziu antegozando os resultados, quando viu um movimento incomum que denunciava o roubo. Justamente no momento em que o sargento Moacyr se preparava para subir no seu carro, o tenente, aproximando-se com o chefe do depósito, mandou-o parar.

Benevides sentiu-se eufórico. Sua glória ia ser a prisão de Moacyr. Todos os soldados, admirados, observavam a cena.

O sargento assistiu à busca e ao conseqüente encontro das armas em seu jipe. Quase nesse mesmo instante Benevides viu-se cercado e, atônito, ouviu o que o chefe do depósito dizia, esclarecendo:

– Foi ele! Prendam-no. É ele o ladrão que estávamos procurando.

Benevides, pálido, gritou, apavorado:

– Não, não fui eu, foi o sargento! Vejam, ele tem a chave do depósito. Mandou-me fazê-la!

E ao sargento que pedia explicações, Benevides terrificado, ouviu o chefe do depósito contar:

– Desde o roubo que tenho estado observando. Quase não durmo, e a preocupação é tal que o menor ruído me acorda. Vi quando este soldado roubou a chave do meu bolso. Querendo pegar os cúmplices, passei a segui-lo e vi tudo o que aconteceu. Roubou as armas e possivelmente pretendia desviar as suspeitas em virtude da alta honorabilidade do sargento Moacyr. Ninguém jamais pensaria em revistar o jipe do oficial. Agora o pegamos, e terá que contar quem são os cúmplices e a quem entregam as armas.

E a Benevides, nada lhe valeu contar a verdade, porquanto no duro interrogatório a que foi submetido na prisão ninguém quis acreditar.

Marcos Vinícius

O Mais Importante

Jorge Lameira de Andrade, guanabarino de escola, demandava todas as tardes ao ponto de encontro na avenida Rio Branco, em frente ao Jockey Club, para o dedo de prosa costumeiro com os amigos, com o chopinho gelado na G. B. e a inevitável parada na Colombo para apreciar o movimento.

Jornalista agressivo e contundente, ás da crônica no "Correio da Manhã", inspirava-se após o final da tarde com os amigos, a esticada na Cinelândia e no Cassino, escrevendo sempre até altas horas da madrugada, só se deitando após entregar o trabalho na redação quando o sol já ia alto, para levantar-se à tardinha e recomeçar suas atividades.

Pode parecer a muitos que Jorge era boêmio e desocupado, no entanto, seu trabalho objetivo e de uma verve personalíssima propiciava-lhe bom salário, que ele poupava sempre que podia.

Casa modesta. Com pouco dinheiro vestia-se relativamente bem e a todos os lugares que freqüentava ia como convidado, porquanto alguns, temerosos de sua pena, buscavam captar-lhe as simpatias, enquanto outros, que queriam atrair-lhe a atenção para ser notícia em sua famosa coluna, derretiam-se em gentilezas, que ele aceitava com naturalidade.

Simpático, boca larga e fina, cujo traço nos cantos dava-lhe ares de humor e juventude, não era o que as mulheres chamariam de um bonito homem, mas, apesar disso, sempre conseguia companhia feminina quando desejava, e tinha muito bom gosto.

Contudo, jamais se tinha casado. Morava com uma irmã, professora aposentada devido à saúde precária. Ela cuidava muito bem de suas roupas, que em suas mãos habilidosas duravam o máximo, conservando bom aspecto.

– É, Jorge – costumavam dizer os amigos, – se eu tivesse uma irmã como d. Esther também não me teria casado. Você é que tem sorte, livre e desimpedido, sem ninguém que mande no seu dinheiro e na sua vida. Isto sim é que é viver!

Jorge sorria um sorriso largo e sentia-se realmente muito bem com a vida. Nas noites quentes de verão, subia o morro para ouvir as serestas e, ao lado dos boêmios, olhos sonhadores perdidos no céu estrelado, cismava embalado pela cadência chorosa do violão.

Ao longo dos casebres, dispostos em especial e improvisado alinhamento no aproveitamento absoluto das irregularidades do terreno, um cheiro acre de fogo, comida, cachaça e outros odores que a higiene precária dos moradores misturava no ar, deixava-se ficar, a alma cheia de lirismo e poesia. Ninguém, vendo-o calado a cismar, bebericando, ou com os olhos quietos perdidos no sonho, poderia prever que nenhum detalhe do cotidiano lhe escapava e no dia seguinte no jornal aparecia a crônica suculenta, maliciosa, onde o pitoresco ou o tragicômico dos acontecimentos da noite anterior (e no morro há sempre muitos acontecimentos) era tratado com argúcia, maestria e malícia.

Apesar do traço irônico de relacionar fatos e pessoas omitindo-lhes os nomes, raramente indispunha-se com aqueles que mencionava. Seu humor fino e sagaz não ofendia frontalmente, muito embora a ironia e a mordacidade e principalmente sua capacidade de penetrar e descrever os fatos mais marcantes, justamente os que as pessoas mais gostam de disfarçar, tornavam-no famoso e lido com prazer por populares e literatos, mesmo não fazendo uso da linguagem rebuscada tão a gosto dos filólogos dos idos 1935.

Mas, apesar da vida lhe correr tão bem, Jorge, no fundo, no fundo, não estava satisfeito consigo mesmo. Suas crônicas representavam o ganha-pão e era com muita facilidade que as compunha. Ele aspirava realizar-se escrevendo uma obra séria, de fôlego, que o colocasse na categoria de escritor.

Alguém sugeriu-lhe a publicação de um livro reunindo suas melhores crônicas ao longo dos seus 25 anos de trato com as letras, mas apesar de aceitar a idéia, não era isso que desejava realizar.

Pensou, pensou, e chegou à conclusão que precisava tirar umas férias para pensar! Se continuasse no Rio seria difícil sair da rotina tão vivida. A solução era viajar, recolher-se em local ignorado de todos e tentar encontrar seu caminho nas Letras.

Tomada a decisão, foi à redação do jornal, conversou com o chefe, que lhe concedeu licença de quinze dias, solicitando porém algumas crônicas que iria publicando sem interrupção. Contente, Jorge naquele dia nem saiu de casa. Trabalhou sem cessar, e na manhã seguinte as entregava ao jornal, sentindo-se livre e dono do tempo.

Foi para casa. Ante o olhar admirado de Esther, arrumou uma maleta e despediu-se, com largo sorriso.

– Vou descansar, mana. Preciso escrever alguma coisa nova.

– Mas, pra onde você vai? – retrucou ela com ar preocupado. – Aqui é tão calmo, não poderá escrever em seu quarto?

Jorge distendeu o sorriso com jeito de incompreendido.

– Ora, mana, preciso de inspiração. Algo novo que marque minha vida como escritor. Você precisa compreender. Só por quinze dias. Retirei dinheiro da Caixa Econômica, levo uma parte e a outra fica com você. Pode precisar.

– Mas pra onde você vai?

Jorge deu de ombros, com ar de felicidade:

– Não sei ainda, mas não se preocupe, sei cuidar de mim.

– Não vai escrever?

– Hum... depende. Não espere notícias. Quero estar livre de qualquer compromisso para poder criar. Adeus, mana. Deus a abençoe.

Beijou-lhe as faces chorosas e saiu apressado. Queria ir a um lugar onde não o conhecessem para evitar interferências e encontros indesejados. Apanhou o bonde e foi até a Estação D. Pedro II. Pretendia viajar para algum lugar tranqüilo. Recorreu às relações de horários dos trens e foi procurando, até que escolheu a localidade.

Foi ao bilheteiro e pediu uma passagem para Juiz de Fora, nas Minas Gerais. Não gostava de esperar, e o trem que servia à cidade mineira era o mais próximo do seu horário.

Acomodado no vagão de primeira classe, Jorge olhava a paisagem pela janela envidraçada, que apesar do calor precisava ficar fechada por causa das fagulhas da máquina a vapor. Mas seu pensamento ia longe.

Precisava escrever uma obra de fôlego, algum assunto muito sério que sacudisse as criaturas. Durante anos salientara as fraquezas humanas com humor e ironia, mas sentia que jamais fizera algo que pudesse melhorar essas falhas. Colocara o dedo calcando as feridas, desvendando o mundo das chagas ocultas pelo verniz social do convencionalismo e não titubeara em revelar as paixões e os deslizes, os desacertos e as ambições que se mesclam às atitudes das criaturas, mas jamais apontara uma solução, sugerira uma ação regeneradora, uma campanha de educação social que fortalecesse as pessoas através do esclarecimento e da base moral.

À medida que o trem vencia os trilhos com valentia, Jorge, engolfado em seus pensamentos, analisava sem cessar.

Sim. Durante 25 anos, dono da pena e da verve popular, descerrara a maldade, a cupidez e a má fé. Agora partiria para algo melhor. Ninguém como ele observara as falhas da sociedade e ninguém como ele poderia dedicar-se a saná-las usando seu talento natural para encontrar soluções, sugerir educação e esclarecimento. Escreveria um livro que, ao lado dos dramas sociais, onde a ignorância e o vício, a ambição e a má fé pontilhassem, colocaria a virtude como regra de conduta, o bem como a paz da consciência, o trabalho como benção, a honestidade como o melhor jeito de ganhar dinheiro, a fidelidade como semente do amor eterno.

As frases acorriam em sua mente com uma facilidade incrível, e tão impressionado ficou que procurou papel e lápis em sua maleta e começou a escrever as idéias, para não perdê-las.

A noite caiu e o trem corria vencendo os trilhos sem parar. Jorge continuava pensando e escrevendo à luz fraca e bruxuleante do vagão. A certa altura parou. Estava cansado. Recostou a cabeça no banco e fechou os olhos. Finalmente achara seu caminho. Iniciaria um livro exaltando o bem, elevando a moral, o amor, o perdão, a tolerância e o trabalho. Adormeceu de leve e nem sequer acordou quando, em uma curva da estrada, o trem chocou-se violentamente com o outro que vinha em sentido contrário.

Atirado à distância pelo choque, foi atingido na cabeça e teve morte imediata. Pranteado pelos amigos e pela irmã inconformada, foi alvo de algumas homenagens póstumas que não assistiu por encontrar-se em estado de choque, e acordou perturbado e inconformado, querendo forçosamente continuar viagem rumo a Juiz de Fora, escrever seu livro.

Mas não conseguiu. Socorrido e instalado em hospital do plano espiritual, fui visitá-lo diversas vezes, e tantas rogativas me fez que, embora sem nenhum merecimento nosso, consegui levar ao seu quarto um mentor amigo, que muito bondoso aquiesceu em vê-lo.

Jorge extravasou seu desgosto, implorando oportunidade para voltar. Seu tom era humilde e triste:

– Generoso amigo – dizia compungido –, não é justo que justamente ao querer fazer algo de bom eu tenha partido. Durante anos escrevi sem proveito, mas agora desejava cumprir minha tarefa com elevação. Por que me foi negado?

– Jorge, quando você partiu daqui, há 45 anos, ia esperançoso e decidido. Escritor, literato na França do século passado, sua verve conduzira ao descrédito público, ao escândalo, senhoras, políticos, maridos, instituições, chegando a descobrir com sua sagaz penetração dramas ocultos, chagas sociais, e muitas cabeças rolaram na guilhotina por sua causa. Tendo sofrido muito no umbral, você tornou-se humilde, e renovando a mente, matriculou-se em curso de Evangelho, preparando-se para a nova reencarnação na Terra, onde se dedicaria a escrever exaltando o bem, elevando a moral. Entretanto, em virtude das suas necessidades de resgate e reajuste, não dispunha de muito tempo para viver. Teria 45 a 50 anos que, se bem aproveitados, poderiam reajustá-lo perante as Leis Divinas, colocando-o em melhor situação.

– Sim – tornou Jorge, – lembro-me agora que dispunha de 25 anos para escrever... sim, é isso. Eu tinha 25 anos de tempo e não aproveitei! Eu que me preparei tão bem!

Seu tom era tão decepcionante que o mentor atalhou, calmo:

– Sim. Você preparou-se muito bem, detém raros dotes de humor e verve incomparável, contudo, como muitos que estão na carne, esqueceu-se do mais importante:

– O quê? – indagou ele, curioso.

– O tempo, meu amigo. O tempo é contado, ele é precioso e precisa ser aproveitado muito bem até o fim.

Cícero Araújo de Lima

O Aviso

O retrato caiu da parede. O ruído sobressaltou Marília, que dormitava em uma poltrona. Assustada, levantou-se e correu até o quadro que se espatifara no chão.

– E essa agora? Que direi a vovó quando chegar?

O retrato de "seu" Maurício estava pendurado havia muitos anos. Tantos que Marília nem se lembrava quantos. Desde que se conhecia por gente o retrato estava pendurado na parede.

– Vovó vai brigar – suspirou ela aborrecida.

Desolada, olhou para o quadro, cujo vidro desfizera-se em estilhaços. A moldura soltara-se. O velho retrato desenhado por artista antigo já amarelecido pelos anos rasurara-se. A menina tentou com cuidado separar os pedaços de vidro, procurando salvar o desenho para possível recomposição. Com delicadeza retirou todos os cacos e as lascas da moldura, e olhando a figura rasurada não pôde deixar de se lamentar:

– Acho que não vai dar para consertar! Pobre vovô – disse ela. – Era um homem bonito para sua época. Apesar de o retrato não ser muito bom.

E realmente não era. A figura de um homem moço, com vastos bigodes, o colarinho duro e colete, até que era simpática, mas o olhar fora fixado meio torto, e por mais boa vontade que a menina tivesse, não podia deixar de achá-lo engraçado e um pouco ridículo.

Certamente era bem mais bonito, pensou ela, tentando ser bondosa para com a veneranda figura.

Realmente, o retrato era peça importante daquela casa, estava colocado na parede da sala de jantar. Onde todos colocavam a tradicional Santa Ceia, d. Brasilina colocara o retrato do seu falecido. Conversava com ele, contava-lhe as novidades, repreendiao recordando fatos passados. Dava-lhe bom dia pela manhã e fazia com ele as orações da noite. Todos estavam habituados a esse ritual de d. Brasilina e não se importavam. Afinal, conviver com o avô não era difícil porquanto, para o alívio de todos, ele permanecia calado e sóbrio, acontecesse o que acontecesse.

— E agora? — lamentou Marília. — Como vai ser?

Assustada, correu à cozinha e chamou:

— Mamãe, mamãe, aconteceu uma desgraça.

D. Isaura, que preparava o jantar, levantou o olhar:

— Mamãe, o vovô, o vovô...

— O que foi, menina?

— O vovô, mamãe, ele se quebrou!

D. Isaura arrepiou-se:

— O quê? Como foi?

— Não sei. Eu cochilava na poltrona quando ele despencou, fazendo-se em pedaços.

— Assim, sem ninguém mexer?

— Pois é. Caiu sozinho. Levei um susto!

A mãe olhou desconfiada:

— Você não mexeu mesmo?

— Não, mamãe, eu juro.

— É... — fez d. Isaura, pensativa. — Está aí há tantos anos e você nunca pôs as mãos nele. Mas é estranho.

— Estranho por quê?

— É estranho ter caído sozinho...

— Será um aviso?

— Cruz credo, menina. Não fale isso. Agora que nossa vidinha vai indo calma... Mas já ouvi contarem casos semelhantes, e depois sempre acontece alguma coisa.

— Mamãe, estou com medo... — encolheu-se a menina, chorosa.

— Não seja boba. Pode ser que o vovô tenha querido nos dizer alguma coisa. Só isso.

— Os retratos falam?

– Ora, menina, que pergunta mais tola.

– Então como ele ia dizer alguma coisa?

– Ora, não sei. Vamos ver se conseguimos arrumá-lo para sua avó não ficar muito triste. Vai ser difícil, olhe como rasgou.

Calaram-se ouvindo o ruído da porta. Era o marido de d. Isaura, que mal entrou a ouviu dizer, assustada:

– Nardo, veja o que aconteceu ao vovô.

– O quê?

– É. Veja o que aconteceu ao vovô, caiu da parede sem ninguém mexer e fez-se em pedaços. O que será?

O marido arrepiou-se:

– D. Brasilina já sabe?

– Não. Ela não voltou ainda. Que faremos? Pode ser um aviso!

– Aviso?! – assustou-se ele. – Aviso de quê?

– Sei lá. Desde que o penduramos jamais caiu – ajuntou misteriosa. – Acho que nos quer prevenir de alguma desgraça.

Bernardo coçou a cabeça.

– ...pode ser. Mas como vamos saber?

– Não sei. Acho bom sermos cautelosos. Nos próximos dias não sabemos o que virá para nós. Será que...

– Que o quê?

– Que minha mãe vai morrer?

– Não quero que vovó morra... – soluçou Marília.

– Ninguém quer, minha filha. Você fala isso diante dela? – censurou Bernardo.

– Vá para o quarto, menina, preciso conversar com seu pai...

– Não vou. Tenho medo. Não quero ficar sozinha.

– Então fique calada. Nardo, acho que se o retrato de meu pai caiu sozinho da parede foi porque algo está para acontecer. Tenho um pressentimento! Pobre mamãe. Afinal, ainda é moça, 65 anos! Podia viver mais.

– Você acha que é um aviso pra ela? Ela nem sequer está doente.

– Quem é que sabe? Afinal, para morrer basta estar vivo.
Marília caiu em prantos.

– Não quero que vovó morra, não quero!

– Cale a boca, Isaura. Não vê que assusta a menina?

– Mais nervosa estou eu... Lembro-me de que esses avisos acontecem. Vi quando eu era criança...

Bernardo calou-se, apreensivo. Bem que podia ser verdade. E se seu sogro estivesse mesmo querendo avisar de algo?

Procuraram acalmar Marília, que tremia, nervosa, agarrando-se às saias da mãe. Os três estavam pálidos. Sentiam arrepios quando ouviram os passos cadenciados de d. Brasilina que regressava. Como contar-lhe?

Dirigiram-se à sala, mudos, sem encontrar o que dizer.

Brasilina alçou o olhar sobre a parede e, não vendo o retrato, relanceou o olhar pelos vidros que jaziam no chão. A menina correu à cozinha, apanhou o velho retrato e estendeu-o à avó, enquanto dizia:

– Caiu, vovó. Eu cochilava na sala e ele caiu sozinho da parede.

D. Brasilina tomou o retrato, olhou-o, abanou a cabeça:

– Afinal, ele caiu lá de cima. O barbante gastou-se, certamente. Não fui eu quem o retirou. Ele desceu sozinho. Esperei longo tempo por isso. A cada dia ia ver se o barbante estava firme. Finalmente alguém poderá colocar um quadro mais alegre no lugar.

Enquanto os três a olhavam admirados, terminou:

– Não ajudei não. Caiu sozinho mesmo. Levou trinta anos, mas caiu. Vou guardá-lo em uma gaveta. – Com um suspiro de alívio, dobrou-o e foi-se para o quarto.

Os três, calados, se retiraram. A menina, para a poltrona, Bernardo para o banho e d. Isaura, muito calada, para a cozinha, e continuou sempre em silêncio a preparar o seu jantar.

Gustavo Barroso

Infidelidade

D. Nina estava nervosa. Aquilo já era demais. Paciência ela sempre tivera, mas agora...

Passou a mão pela testa. Seu marido tinha outra mulher! Tudo suportara, pensava. Seu gênio atrabiliário, suas manias, a falta de dinheiro, tudo. Fizera sacrifícios, trabalhara durante os dois anos em que Brito estivera doente recolhido à caixa, costurara para butique e os dois filhos não passaram nenhuma necessidade. Mas, agora, que eles melhoraram de vida, que Brito recebia bom salário, tinham comprado a casa, o automóvel, o apartamento em Santos, agora que tudo ia tão bem, ele arranjara outra mulher.

D. Nina estremecia de revolta e de raiva. Sem-vergonha! Por isso caprichara mais nas roupas, modernizara as camisas, deixara crescer mais os cabelos, cuidava-se com esmero. Por isso arranjara tantas reuniões noturnas, viagens de fins de semana, horas extras.

A princípio não chegara a desconfiar. Voltada às suas preocupações domésticas, Nina não estranhou a modificação de Brito. Afinal, já ele tinha outras obrigações, o emprego era outro. Mas, depois, alguns telefonemas estranhos; quando ela ou as crianças atendiam, não se completavam, ao passo que quando era ele quem atendia, sempre era alguém da firma solicitando um encargo qualquer.

Mancha de batom na camisa, um brinco no banco do carro, até que o inevitável aconteceu: D. Nina, desconfiada, depois de muitas discussões, onde Brito se tornava violento no papel de homem caluniado, resolveu segui-lo.

Numa de suas saídas extras, não lhe foi difícil conhecer a verdade: seu marido a traía. Apesar de desconfiar, Nina chocou-se muito com a verdade. Guardava no fundo a esperança de estar enganada, mas não, Brito saía mesmo com uma mulher. Moça, bem-cuidada, mais jovem do que ela.

A vista obscureceu-se na revolta e no orgulho ferido. Sempre fora esposa honesta e digna. Boa mãe e boa companheira. Por que Brito a trocara por aquela mulher?

Tinha planejado surpreendê-los, fazer escândalo, gritar sua revolta, mas a dor foi tanta que não conseguiu. Cabisbaixa, guardando o ódio e a mágoa, deu ordem ao táxi para conduzi-la ao lar.

No entanto, precisava fazer alguma coisa. Sua vida acabara! Nunca mais poderia viver com o marido, com a mesma amizade e o mesmo amor. A cena de momentos antes retratava-se em sua mente qual lâmina de fogo revolvendo a ferida.

Casara-se por amor! Tudo mentira. O amor era mentira. Interesse só. Hábito, nada mais.

Sentiu o peito oprimido. Os filhos dormiam. Contemplou-lhes a fisionomia tranqüila e querida.

– Sem-vergonha. Como pôde atraiçoar a pureza do lar?

Crispou as mãos com força na borda da cama. Precisava fazer algo. Não podia deixar impune a traição do marido. Alguém tinha de vingar a honra e os sentimentos destruídos. Sua cabeça fervia e seu coração descompassava-se a cada instante.

Lembrou-se do revólver que vira o marido guardar na gaveta do armário. Ia resolver a situação. Apanhou-o, colocando-o na bolsa. Ia acabar com a alegria dos dois. A outra, certamente, a mulher que o desviara com artimanhas e cinismo, também precisava ser punida. Por que não pensara nisso antes?

Vestiu o casaco e saiu. Vira-os entrar em um restaurante, estariam lá? Já era tarde, quase meia-noite.

Perscrutou a rua em busca de um táxi. Foi quando, de repente, a porta de uma casa abriu-se e uma mulher saiu apressada. Vendo-a, pediu angustiada:

– Por favor, ajude-me. Meu filho passa mal. Teve uma crise. Não consigo encontrar o médico e estamos sozinhos...

Agarrou Nina pelo braço:

— Ajude-me, pelo amor de Deus! Ele morre!

Arrancada de seus pensamentos íntimos, Nina custou um pouco a entender. A mulher repetiu, arrastando-a pelo braço:

— Pelo amor de Deus! Meu filho está morrendo!

Nina compreendeu, entrou na casa onde, no sofá, um menino franzino de quatro ou cinco anos contorcia-se em convulsões. Não pensou em nada, correu à rua e finalmente conseguiu um táxi. Colocaram o menino embrulhado em um cobertor e, angustiadas, partiram rumo ao hospital.

Tudo decorreu com rapidez. Diante da angústia daquela mãe, d. Nina foi infatigável, providenciando tudo, e algumas horas depois o menino dormia tranqüilo e fora de perigo.

A pobre mãe não sabia como agradecer.

— Preciso ir. Deixei meus filhos sozinhos em casa.

A outra beijou-lhe a mão com humildade:

— Deus a abençoe. Salvou a vida de André...

— Não foi tanto assim...

— A senhora não sabe, d. Nina, mas eu não tinha o dinheiro nem para o táxi. Foi muita bondade sua trazer o André como se fosse seu dependente neste hospital.

Condoída, Nina arriscou:

— A senhora está passando dificuldades?

— É. Este mês não pude trabalhar muito porque o André tem passado mal. Ele é muito doente.

— E seu marido? — perguntou curiosa.

— Desinteressou-se da família. Passa o tempo todo fora.

Nina compreendeu. Outro patife igual ao Brito. A mulher falava com doçura e serenidade. Nina não se conteve:

— Abandonou a família por outra mulher?

— Bem, não o culpo. Amo-o muito. Ele ainda não estava preparado para guardar fidelidade a uma só mulher. A sociedade condiciona o homem a esse conceito.

Nina ficou revoltada:

– E você aceita isso com essa calma?

A outra sorriu sem amargura.

– O que posso fazer? Como obrigar alguém a ficar do nosso lado se ele acha que sua felicidade está em outro local?

– Mas há o dever! Há os filhos que precisam do pai e do pão.

– Ah! D. Nina, isso é. O André tem sofrido muito as ausências do pai. É pequeno, mas pressente que fomos substituídos no coração dele. Mas eu acredito que cada um é responsável pela sua parte e deve cumpri-la, custe o que custar.

– Como assim?

– Ele falhou, não posso negar. Assumiu o compromisso do lar, um dever que não está cumprindo. Falhou, e pelo que sei da justiça de Deus, um dia responderá por isso de qualquer forma.

Nina olhava-a admirada Ela continuou:

– Ele errou e só ele pode entender isso e ratificar. A mim, apesar de todo o meu sofrimento, cabe-me manter-me fiel ao compromisso que também assumi com o casamento. Fazer bem a minha parte é um dever que me assiste. Também eu um dia serei chamada às contas pelas leis de Deus. O que será de meu filho se eu também fracassar?

Nina sentiu um nó na garganta. Horrorizada, atirou a bolsa sobre a cadeira:

– Ajude-me – soluçou aflita. – Ajude-me a ser como você e poder suportar!

As lágrimas brotaram grossas e sinceras. A jovem mãe abraçou-a com carinho e esperou que a crise passasse.

Nina desabafou. Contou tudo, inclusive o crime que ia praticar. A outra não comentou. Ouviu calma e atenciosa.

– E agora, que fazer?

– Não sou ninguém para aconselhar.

– Mas você é forte. Conseguiu suportar tudo e manter-se firme, serena. Eu não posso!

– Pode. Claro que pode. Eu encaro o amor como uma dádiva que fazemos ao ser amado. Mas se damos em compreensão, em serviço, em dedicação, nada podemos exigir em troca. Toda exigência representa uma violência. Todo ser rebela-se ao sentir-se violentado. Damos o amor e queremos fazer com ele uma chantagem, obrigando a retribuição. Isso não é justo. Saibamos amar sem exigências e permanecermos firmes em nossos deveres. Saibamos mostrar-nos mais atraentes, enriquecer nossa personalidade de virtudes e valores intelectuais. Empreguemos nosso tempo em fazer a felicidade dos outros e eu tenho a certeza de que um dia, ainda que séculos decorram, ainda que todos os enganos e fraquezas da vida, todas as ilusões desviem o ente amado do nosso convívio, ele há de voltar em melhores condições, mais responsável, mais evoluído, mais experiente, e só aí poderemos usufruir daquilo que agora não podemos alcançar.

Nina estava tranqüila. A conversa fizera-lhe grande bem.

O dia amanhecia quando ela regressou ao lar. Encontrou-o em polvorosa. O marido pálido ao telefone, as crianças assustadas, correram para ela quando a viram entrar. Ele olhava-a assustado, receoso, não ousando perguntar.

Ela percebeu-lhe a preocupação e o medo. Sentiu-se serena e forte. Abraçou os filhos com segurança. Também ela iria cumprir o seu dever. Sentiu pena de Brito, cuja consciência devia pesar. Levou os filhos à cozinha. Serviu-lhes café enquanto lhes contava o caso do André.

No quarto, Brito, mais refeito, apenas resmungou:

– Você podia pelo menos deixar um bilhete, eu não teria me assustado tanto.

Nina abriu a bolsa, tirou o revólver e entregou-o ao marido, dizendo:

– Guarde-o bem. Não vou mais precisar dele.

Enquanto ela dormia sossegada, ele revirava-se no leito, agitado, aflito, sem conseguir dormir.

Marcos Vinícius

O Fim Não Justifica os Meios

Empate. O empate fora providencial. Ânimos acirrados, discussões sem conta. Afinal o empate viera serenar os ânimos e neutralizar as polêmicas. O futebol acabara. Os apressados foram saindo enquanto os mais extremados permaneceram frente ao aparelho de TV, interessados nos comentários técnicos sobre a partida.

O bar estava repleto. O tilintar ruidoso dos copos, as apostas trocadas quanto ao resultado do jogo. Alguns mais "alegres", olhos vermelhos, mal se sustinham sobre as pernas.

Apesar de habituado com a algazarra, o dono do bar conservava-se atento, e os empregados, a um sinal seu, sabiam sem muito alarde "convencer" o elemento indesejável a retirar-se. Por diversas vezes ele estivera a ponto de intervir e mandar sair os mais exaltados, mas o empate parecia ter contentado os dois lados, e ele respirou aliviado.

Pouco se interessava pela política ou pelo esporte, tresnoitado e cansado pelo trabalho duro. Mantinha o televisor como ponto de atração. O bairro periférico era reduto da classe pobre. Embora a maioria já possuísse seu próprio aparelho, todos gostavam de reunir-se no bar porque era mais animado assistir em conjunto e podiam refestelar-se com a cervejinha gelada ou o trago de pinga.

Seu José, vendo o dinheiro pingar no caixa, agüentava a inconveniência dos pinguços e as discussões dos mais exaltados. Contava juntar recursos para melhorar de situação e mudar-se com a família para lugar melhor. Sonhava possuir um enorme bar no centro da cidade, ou quem sabe, um restaurante de luxo, onde só atendesse fina freguesia.

À custa de muita economia e de muito trabalho, do sacrifício da família levando vida muito modesta, o dinheiro ia acumulando-se no banco. Nas tardes de domingo é que mais movimento tinha o bar. Os fiados eram seu problema. Na verdade, ele não tinha como negar. Eram trabalhadores que recebiam no dia certo. Por vezes facilitava o jogo. Tinha baralho, fichas e um lugar reservado onde os bons fregueses podiam recolher-se à vontade. A cada hora de jogo, uma taxa ia para a caixa do bar, sem falar nos comes e bebes. Muitos freqüentadores do bar do Zé deixavam lá todo o salário do mês. Quando as esposas vinham reclamar, dava de ombros, dizendo convicto:

– Não vou lá chamar ninguém. Eles aqui vêm porque querem. Não são crianças e eu não posso impedir que freqüentem o bar.

Colocou também atrativa mesa de snooker, e a rapaziada encontrou entretenimento e distração.

Assim, Zé alcançou o que queria. Enriqueceu. Um dia, vendeu o bar e mudou-se para um bairro melhor. Tornou-se comerciante de cereais. Grandes transações, atacado. Menos trabalho, maior volume de negócios.

Colocou os dois filhos em bons colégios. Enfim, estava realizado. Criou barriga, fumava charuto e exibia seu carro de luxo por toda parte. Tudo lhe corria bem.

Contudo, seu filho mais velho não ia bem nos estudos. Relapso e leviano, despendia enormes quantias que a mãe procurava encobrir de José, às vezes sem conseguir. O jovem não se dispunha ao trabalho. Dormia até as primeiras horas da tarde, quando se preparava para sair, só voltando aos primeiros raios de sol.

José mal disfarçava a preocupação. O rapaz tinha 26 anos. Dispusera de todos os recursos para estudar e ser um homem de bem. Por que se revelara tão leviano?

Não se conformando, usou de todos os recursos ao seu alcance. Tentou compreender, dialogar, tentou ser enérgico, tudo fez sem que o rapaz se modificasse. Pelo contrário. Meteu-se no Jockey e apostava grandes quantias, que o pai envergonhado, via-se na obrigação de cobrir.

Por outro lado, a filha casara-se e o genro, desde o início, revelara-se incorrigível conquistador, e José viu a filha voltar ao lar com uma criança nos braços, abandonada e traída.

Tornou-se amargurado. Toda sua vida trabalhara duro para conquistar a posição e o bem-estar da família. Tudo em vão. A ingratidão dos filhos e da vida enchia-lhe o peito de mágoa e inconformismo.

A situação ia de mal a pior. Sua mulher adoeceu gravemente, ralada de desgostos por causa dos filhos que adorava. E o dinheiro de Zé começou a escorregar-lhe pelos dedos nervosos. Entre a doença da mulher e o desregramento cada vez maior do filho, gastou tudo quanto possuía.

Após a morte da companheira, gastou seus últimos recursos na cerimônia fúnebre do seu passamento.

Sentia-se velho, alquebrado, desiludido. Mas as coisas não pararam aí. Sem dinheiro para cobrir os desvarios do filho, não pôde evitar o processo e a prisão, e viu-se acusado por ele de mau pai e promotor de sua desgraça.

Foi a filha trabalhando duramente em uma tecelagem quem o sustentou nos seus últimos dias na Terra.

Nunca houve ninguém tão magoado, tão desiludido, tão sofredor quanto ele. Transpôs os umbrais do túmulo arrasado e sem fé, acreditando-se vítima inocente das tramas cruéis do destino.

Durante anos perambulou, sofrido e triste, em zonas de purgação e penúria. Até que, recolhido por caravana de socorro, foi conduzido ao atendimento de um espírito amigo em colônia espiritual.

Vendo a fisionomia bondosa do seu interlocutor, sentindo-lhe as vibrações de simpatia e apoio, José sentiu-se como queria. Fazia tempo que não dispunha de ninguém para conversar. Desfiou assim seu rosário de queixas, ilustrando com entusiasmo seus anos de trabalho duro e honesto. E a colheita de ingratidão e mágoas que lhe infelicitara a vida.

O amigo espiritual ouviu com paciência, e quando o viu terminar comovido e em lágrimas, tornou com bondade:

— Na verdade, para você foi um trabalho duro, atendendo no bar aos fregueses impacientes e grosseiros. Mas você apenas assinala o que despendeu de esforço sem verificar para que. Aparentemente, você provia os seus, mas a que preço? A grande parte das moedas que você arrecadou com seu trabalho eram desviadas do pão das famílias que também precisavam viver. Você não só contribuiu para o desregramento dos semelhantes, alimentando-lhes os vícios, como os explorou em proveito próprio.

Fez uma pausa e continuou com voz calma:

— Era natural que, promovendo tantos deslizes nos outros, adquirisse uma dívida perante a justiça de Deus que, em sua misericórdia infinita, permitiu-lhe a reposição, auxiliando um espírito viciado reencarnado na pessoa de seu próprio filho, por quem você deveria sofrer e lutar para equilibrar-se, aprendendo a lição dura mas eficiente que Jesus nos ensinou: Não fazer aos outros o que não queremos que nos façam.

José, olhos arregalados e enxutos, envergonhado e humilde, engoliu seu rosário de queixas, baixou a cabeça e pediu permissão para recomeçar.

Marcos Vinícius

A Evidência

Marcelo Pontes era homem reconhecidamente respeitado e muito conhecido no bairro onde residia havia trinta anos. Comerciante abastado, viera havia muitos anos de pequena cidade do interior, casara-se, constituíra um lar e estabelecera-se com uma loja de tecidos.

As famílias do bairro o conheciam por sua amabilidade no trato com a freguesia. Marcelo jamais se alterava, houvesse o que houvesse. Por várias vezes tivera dificuldades com gente de má fé que lhe passara calote, mas mesmo assim ninguém jamais o vira zangado.

Excelente pai de família, só tinha um problema: gostava de jogar. Mas até nisso era comedido. Fazia desse hábito um passatempo e não se entregava propriamente ao vício, apostando sempre pequenas quantias. Por isso, quando o escândalo estourou foi um Deus nos acuda: Marcelo fora surpreendido no quarto de uma senhora conhecida e respeitável, alta madrugada, pelo próprio marido que regressara repentinamente. Enquanto o homem saía à cata do revólver, Marcelo pulava alta janela, e apesar de ter luxado o pé, correu como pôde, indo refugiar-se em casa de um parente.

Furioso, o marido traído procurou-o de arma em punho em sua casa, onde ele não estava, pondo em polvorosa a família acordada aos gritos. Não conseguindo achá-lo, volveu à casa jurando vingança.

No dia seguinte a loja de Marcelo não abriu. A notícia corria de boca em boca:

– Quem diria, d. Eugênia! E aquele santarrão...!

– Pois é. Eu sempre achei que ele era bom demais, só podia ser fingido. Coitada da d. Dora!

E os comentários ferviam. Marcelo, entretanto, na casa de um tio, parecia o protótipo da tragédia. Em vão tentava explicar o que acontecera. Ninguém lhe dava crédito.

Jogara até uma hora na casa de um amigo, como fazia todas as quintas-feiras. Depois despedira-se. Precisava abrir a loja pontualmente às oito horas. Mas, ao passar pela casa de d. Eugênia, esta abrira a janela apavorada, e vendo-o, falara aliviada:

– Sr. Marcelo! Ainda bem que está aí. Paulo viajou e estou ouvindo barulho na cozinha. Acho que há um ladrão aqui. Estou com medo de abrir a porta do meu quarto. E as crianças dormem no quarto ao lado. Por favor, ajude-me!

Marcelo não titubeara:

– Como posso entrar?

– Vou jogar-lhe a chave da entrada. Felizmente está comigo.

Atirara a chave e Marcelo entrara. Apanhara logo um cabide da parede para defender-se caso fosse atacado. A passos cautelosos, resolvera não acender a luz. Acabara de ouvir ruído suspeito vindo da cozinha. Pensara primeiro nas crianças. Subira ao andar de cima e abrira a porta do quarto. Elas ressonavam com regularidade. Retirara a chave e trancara a porta por fora. O outro quarto era certamente o de d. Eugênia. Batera de leve, murmurando:

– D. Eugênia, abra, sou eu. Está tudo bem.

Ela abrira a porta com cautela.

– Olhe – dissera ele, – pegue a chave do quarto das crianças. Eu o tranquei. Parece que há mesmo ruído na cozinha. Fique calma que eu vou descer para verificar.

– Estou com medo... – gemeu ela – acho que vou desmaiar!

– Não faça isso, d. Eugênia. Controle-se, por favor. Tenha calma.

De repente a luz do corredor acendeu-se. Rosto transtornado e apoplético, Paulo estava diante deles. A primeira reação de Marcelo foi de alívio. Mas assustou-se quando ouviu-o dizer:

– Bandidos, traidores! Não respeitaram nem as crianças que dormem ao lado! Vou acabar com vocês!

Enquanto d. Eugênia desmaiava de fato e Paulo saía à procura da arma, Marcelo, compreendendo a suspeita do marido de d. Eugênia, não esperara para explicar. Entrara no quarto, saltara a janela e, apesar da dor que sentia no tornozelo, correra o quanto pudera. Explicara essa história ao tio diversas vezes, mas percebera que não se fazia acreditar. As evidências estavam contra ele.

Por que não acendera a luz ao entrar? Por que trancara as crianças em vez de acordá-las e levá-las ao lado da mãe?

Desesperava-se pensando na delicadeza da sua situação. Tinham de acreditar nele! Não se conformava com a maldade daquele julgamento apressado e calunioso. Tanto rogou e insistiu que o tio foi até sua casa verificar o que estava ocorrendo.

Encontrou Dora inconsolável, olhos vermelhos:

– Bandido. Por isso jogava todas as quintas-feiras. Justamente o dia que o marido dela viajava e dormia fora!

– Vamos, Dora – ponderara o tio, – ele jura inocência!

– Mentira! Todos o viram correndo e Paulo atrás. Paulo o pegou no quarto abraçado com a mulher no escuro e de madrugada.

O tio coçou a cabeça. Contra a evidência não tinha argumentos. A história do sobrinho era bem pobre. Quem acreditaria? Por que ele não fora chamar a polícia?

Voltou desolado. Dora não queria mais ver o marido. Marcelo parecia doido. Estava a ponto de enlouquecer. O que fazer? Ninguém se lembrara de verificar, de pesquisar e todos se encarregavam de denegrir.

Ao cabo de uma semana, Paulo apareceu mudo e cabisbaixo, abatido e sem jeito, em casa de Marcelo.

– Pois é – foi dizendo meio encabulado, – vim para dizer que seu marido é inocente. Quero que lhe peça desculpas em meu nome.

– Como assim? – perguntou Dora, surpresa.

– É. Naquela noite fui precipitado. Voltei para casa e, não querendo acordar minha mulher, entrei no escuro e fui até a cozinha. Tencionava comer qualquer coisa. Ouvi, porém, alguém andar no corredor, cauteloso. A senhora sabe, sempre fui muito ciumento. Logo pensei no pior. Subi, acendi a luz do corredor e logo topei com seu marido na porta do quarto conversando com Eugênia em trajes de dormir. Perdi a cabeça. Mas agora que me acalmei, sei do que se passou. Ela me contou que ouviu barulho e pensou que fosse ladrão. Abriu a janela e "seu" Marcelo ia passando. Jogou a chave e pediu ajuda. Ele entrou. A chave estava mesmo do lado de fora, a porta aberta. Os amigos do Marcelo foram procurarme para dizer que ele jogou naquela noite até a uma hora. Portanto, são inocentes, devo desculpas.

Procurado pela esposa, Marcelo regressou aliviado, e na manhã seguinte a loja de tecidos abriu-se. Mas ele logo notou que para os outros nunca mais seria o mesmo. Sua inocência fora reconhecida, mas pelo jeito que o olhavam e falavam, ninguém parecia acreditar.

Eram duas hipóteses e duas evidências, mas cada um as escolhia e julgava de acordo com as próprias fraquezas que carregava ainda dentro de si.

Marcos Vinícius

Causa e Efeito

O sol ia morrendo. Pela janela aberta, Mariazinha, melancólica, deixou que seu olhar triste perpassasse o horizonte avermelhado e belo.

Mais um dia, pensou ela, desanimada. Mais um dia que se vai.

Dentro, a penumbra invadia já aos poucos a sala modesta, salpicada em alguns ângulos pelos reflexos luminosos dos últimos raios solares que se filtravam pelas janelas.

Vida triste, continuou ela pensando, vida difícil e dolorosa. Até quando deverei sofrer?

Uma lágrima furtiva desceu-lhe pelas faces pálidas. Jovem ainda, Mariazinha não era feliz. Saúde delicada, era sacudida por achaques e distúrbios circulatórios, tristezas e desânimo, sem causa aparente. Levava vida reclusa e solitária.

Os pais procuravam dar-lhe conforto e assistência e, mesmo com sacrifício e esforço, não lhe faltaram tratamento médico e medicamentoso. Contudo, Mariazinha não melhorava. A apatia, a palidez, o mal-estar constante, a falta de alegria ou entusiasmo até para viver não a abandonavam.

Mariazinha retirou-se da janela e cabisbaixa sentou-se em uma cadeira, entendiada e triste.

Na cozinha, d. Aurora ia e vinha preparando o jantar. A certa altura, foi até a porta e olhou com tristeza para a filha cabisbaixa. Fundo suspiro brotou-lhe do peito cansado. Sonhara tanto com uma filha! Considerada estéril, submetera-se a tratamentos intensivos, até que dez anos depois Mariazinha viera ao mundo. Nascera sadia, normal, mas desde os primeiros anos de vida demonstrara sensibilidade excessiva e apatia.

Submetida a exames, constatou-se que seu coeficiente de inteligência era normal e que seu temperamento era delicado, sensível. Não havia alergia que não tivesse. Pelo sol, pela umidade, pela poeira, por certos alimentos, por determinados medicamentos.

D. Aurora não se conformava. Sua única filha! Por quê?

– Mariazinha, vem pra cozinha. Por que ficar aí sozinha?

Como não obtivesse resposta, foi até a sala. A moça parecia dormir, recostada na cadeira. Preocupada, a mãe colocou a mão em sua testa e desabotoou-lhe as vestes.

Outra crise, pensou. E eu que pensei que ela estivesse melhor!

Com uma força que ninguém a supunha capaz, tomou o corpo inerte da filha nos braços e levou-a para o quarto, depondo-a no leito.

– Meu Deus! Quanto tempo ficará assim?

Pálida, Mariazinha parecia sem vida. D. Aurora tentou colocar algumas gotas do remédio em sua boca semicerrada. Não conseguiu, e o mesmo escorreu pelo queixo da moça. Lágrimas correndo pelo olhar aflito, começou a rezar.

Ultimamente percebera que a prece conseguia fazer com que aos poucos a fisionomia da filha fosse readquirindo as cores e a respiração se normalizasse. Até que criou coragem. Duas casas depois da sua morava uma senhora que era muito procurada por pessoas doentes e angustiadas.

Era médium espírita, e por esse motivo d. Aurora receava procurá-la. Várias pessoas já a tinham aconselhado a recorrer ao Espiritismo, mas d. Aurora, cuja educação era rigidamente católica, recusara-se sempre. Segundo o padre seu confessor, o Espiritismo só faria prejudicar Mariazinha, moça impressionável e fraca.

Depois, falar com mortos era coisa proibida por Deus. Porém, naquela tarde d. Aurora estava exausta. Afinal, o estado da filha agravava-se a cada dia. Depois, ela estava em crise, e quando caía nesse estado, permanecia assim durante horas, ninguém a conseguia acordar. E, quando voltava a si, sempre ficava atordoada por alguns dias.

Decidida, tirou o avental e saiu em busca da vizinha. Ia temerosa e assustada, parecia-lhe estar cometendo um sacrilégio. Contudo, conhecia d. Laura de vista e parecia-lhe pessoa simpática e acessível.

A mulher acedeu imediatamente em ver a doente. Apanhou um livro e acompanhou d. Aurora. Laura, diante da figura jovem de Mariazinha, sentiu-se profundamente comovida.

– D. Aurora – falou com humildade, – vamos orar por sua filha. É o que podemos fazer, confiando na misericórdia de Deus.

D. Aurora, excitada, mas sentindo emoção inusitada, concordou com a cabeça. Aberto o livro "O Evangelho Segundo o Espiritismo" ao acaso, a página a ser lida foi a seguinte: "Causas anteriores das aflições".

D. Laura iniciou a leitura com voz clara e serena. Suas palavras despertaram em Aurora uma curiosidade acentuada:

Como?! Então o sofrimento de sua filha tinha uma causa justa? Em algum lugar ela teria existido antes e feito jus a tanto sofrimento? Então Deus era mesmo justo? Seu sofrimento era um bem?

Quando Laura encerrou a leitura, d. Aurora ardia por saber. Laura percebeu, mas esperou que ela perguntasse:

– A senhora leu aí que o nosso sofrimento nós mesmos é que provocamos. Terei ouvido bem? Mas minha filha nasceu assim, sempre foi doente. Acha que estamos sendo castigados por crimes dos nossos pais?

– A causa dos nossos sofrimentos só Deus conhece; entretanto, sendo ele bom e justo, amoroso e sábio, se permite que uma criança nasça doente é porque isso é um bem.

– Como pode ser um bem ela levar essa vida triste e solitária, nesse corpo doente e franzino?

– A vida não visa ao momento presente, mas à eternidade do espírito. Pelo que posso observar aqui, gostaria de contar-lhe uma história que talvez a ajude a levar com alegria e coragem sua tarefa.

– Uma história?

– Sim. A sua história e de sua filha. Em passada encarnação. Com a ajuda de Deus, pude vislumbrar a causa de suas dores, e tenho a devida permissão para contar-lhe. Não acredita que possam ter vivido antes na Terra?

– Não sei. Às vezes tenho a impressão de conhecer lugares, pessoas, de ter estado antes em determinados locais. Mas são impressões fugidias e vagas.

– Certo. Mas refletem vidas passadas. Em outra encarnação, a senhora era poderosa senhora de engenho. Seu filho jovem e belo, muito conceituado, era possuidor de futuro brilhante na Corte. Orgulhosa e forte, a senhora era severa e altiva, colocando a posição e o dinheiro acima de tudo. Desejava para o filho casamento vantajoso e rico. Ele, contudo, apaixonara-se por moça pobre e sem recursos, apagada e sem posição. Freqüentava-lhe a casa com assiduidade, havendo até quem falasse em casamento. Não se conformando, a senhora tentou dissuadir o moço, que apaixonado, resistia a todos os conselhos. A senhora recorreu a tudo, inclusive a um preto velho, cuja mandinga era bem conhecida na época. A moça que era bonita e alegre, começou a definhar e tornar-se excessivamente nervosa. O rapaz, colocado ao lado das tentações do dinheiro e envolvido por mulheres de pouca moral, deixou-se arrastar, abandonando a jovem que, desde esse dia, conhecendo a interferência da senhora na atitude dele, passou a odiá-la com todas as forças. Quando ela morreu, alguns anos depois, seu espírito inconformado e voltado à vingança colou-se a sua figura, e a senhora começou a apresentar sérios problemas de desequilíbrio. Morreu depois de sofrer durante muitos anos, de desequilíbrio nervoso e arteriosclerose cerebral, provocados pela intensa irradiação de ódio da moça. Seu filho, também infeliz e desatinado, descambou para a luxúria e para o vício, morrendo em péssimas condições. E, como a cada existência na Terra voltamos à nossa Pátria espiritual, vocês três regressaram em tristes condições. Vendo de perto a figura da jovem que odiara, sentindo-lhe a presença antagônica e suas disposições de revide, atirou-se a ela, e as duas, em triste ligação de ódio, permaneceram assim durante muito tempo, até que cansadas da luta, foram socorridas por espíritos bons que as conduziram para local de recuperação e reajuste. Contudo, ninguém fere a Lei de Deus impunemente. "Amai-vos uns aos outros", eis o mandamento maior. Assim, vocês, após muitos sofrimentos, muitas súplicas, muitas preces, conseguiram permissão para voltar à Terra. Seu filho regressou antes, a senhora nasceu depois. Ambos deveriam ajudar a jovem que em outros tempos tinham induzido a fracassar. A empresa não era fácil. Desgastado pelos abusos, ele não tinha muitas condições de gerar filhos, porquanto abusara das sagradas forças do sexo e seu corpo espiritual estava lesado no campo genético. A senhora, por sua vez, vinha de uma encarnação onde abusara do aborto e também não detinha muitas energias nesse campo. Quanto à jovem, tanto vibrara ódio que conseguira destruir e lesar certas substâncias energéticas do corpo espiritual. Foram precisos muitos anos de preparação e tratamento para que ela pudesse vir ao mundo nesse corpo que possui.

D. Aurora estava boquiaberta. Ninguém ali sabia que ela levara anos lutando para ser mãe. Residia naquela casa apenas havia um ano e jamais contara esse pormenor a ninguém. Muito menos sabia ela que seu marido na mocidade fora dado a conquistas amorosas e lhe dera muito trabalho. A ponto dos próprios familiares dizerem que ela parecia mais mãe dele do que esposa, pela sua tolerância e esforço em reajustá-lo.

– Continue – pediu, respeitosa.

– Há pouco para dizer. Hoje vocês tentam reconstruir o que destruíram, e como se recusaram a tê-la como nora, agora têm-na como filha. Ele, recusando-se a cumprir sua tarefa casando-se com ela, cuja ligação perde-se no emaranhado do passado, deve agora transformar um amor material e humano em amor fraterno e puro. Ela, pela dedicação que recebe dos dois, que a estão ajudando a recompor-se, acabará por esquecer o ressentimento passado e a harmonia e o amor voltará entre vocês para o futuro.

– Posso confessar-lhe que minha filha por vezes mostra-se difícil e repudia-me, o que muito me faz sofrer. Apesar de tudo, eu a amo muito.

– O que é muito bom. A senhora compreendeu sua missão. Ela precisa muito do seu amor. Mas, veja, ela vai voltar. Já está bem.

Surpresa, D. Aurora viu que a filha parecia melhor e já começava a dar sinais de acordar. Comovida, tomou as mãos de Laura e as beijou. Lágrimas escorriam pelo seu olhar emocionado, e desde aquele dia d. Aurora jamais se entristeceu. O ambiente da casa ficou mais alegre, e quando Mariazinha ficava em crise, apanhava o Evangelho e lia, lia, calma, até ela acordar.

Marcos Vinícius

Mãe

O assoalho rangia à cadência dos passos pesados de João, gemendo ao peso do seu corpo agigantado e forte.

Sete horas. A noite já descera e o frio dos primeiros dias do inverno fazia uivar o vento nas árvores da rua, sibilando por entre as vidraças um tanto gastas das janelas.

João olhou distraído para as paredes velhas e meio desbotadas, com a indiferença a que se habituara ao longo de uma vida pobre e dura. Apesar disso, o quarto era espaçoso. Sobre a mesa, pratos ainda sujos, a um canto o fogão elétrico e pequeno; uma espiriteira a álcool sobre a mesa evitava que ele o ligasse quando apenas queria fazer ou esquentar o café.

Absorto, João atirou o jornal que trazia sobre o sofá-cama e sentou-se, tirando o cachecol. O quarto fechado estava mais quente. Desabotoou o paletó. A luz fraca, pendente do forro, acentuava ainda mais a pobreza e a fealdade do mobiliário. João estava deprimido. Era seu aniversário: quarenta anos!

Não era dado a sentimentalismos, mas pela primeira vez parava um pouco para pensar, analisando o que fora sua vida até ali. Apesar das dificuldades, sempre se julgara forte e decidido, independente e suficientemente esperto para cuidar de si. Fazia quarenta anos!

Um homem com quarenta anos já é maduro e realizado. Parecia-lhe incrível ter já essa idade. Perpassou o olhar pelas feias paredes. Deteve-se na figura de um retrato em singela moldura. Levantou-se e foi vê-lo de perto.

Sorriu, com pena de si mesmo, vendo-se aos doze anos em pé ao lado do pai com severos bigodes, colete e cartola na mão, da mãe de rosto jovem, os cabelos presos em caprichado birote e o corpo escondido em um vestido escuro de gola alta, mangas compridas, saia até os pés, deixando apenas aparecer a ponta de suas botas.

As duas irmãs, vestidos claros, laços de fita nos cabelos. Lembrou-se de Norma, que chorara muito por ter saído vesga no retrato, tendo sido motivo de suas caçoadas. 1910. Naqueles tempos ele tinha grandes idéias: ser independente. O pai, modesto funcionário de um estabelecimento bancário, trabalhava dezesseis horas por dia, escravo do velho relógio que herdara do seu pai e que religiosamente trazia no bolso do colete. Só tinha olhos para seus compromissos profissionais. A mãe, figura delicada e fraca, obedecia-lhe todas as ordens, raramente elevando a voz. Por vezes fazia peraltices para irritá-la, provocando-a duramente, e acabava irritando-se por não conseguir quebrar sua paciência obstinada.

As irmãs, com seu alarido e suas risadinhas intermináveis, seus problemas e bobagens femininas, faziam-no sentir-se descontente e irônico. Ele não era igual aos demais. Não suportava a rotina familiar, com a disciplina do pai, a submissão da mãe e a tagarelice das irmãs. Não. Ele era auto-suficiente.

Rebelde a todas as determinações paternas, aos conselhos da mãe e ao carinho das irmãs, João sentia-se sempre incompreendido e injustiçado.

Haveria de provar a todos e ao mundo o que ele valia. Não se submetia à rotina, à pobreza, ao comodismo. Fugira da escola, não quisera aprender nenhum ofício, recusara-se a trabalhar na loja que o pai arranjara.

Com ar de desafio no rosto, levando apenas algumas peças de roupas e alguns níqueis, aos catorze anos fugira pela janela na calada da noite.

O mundo era seu!

João sentou-se novamente no sofá mergulhando fundo nas reminiscências.

Sabia que no começo ia lutar duramente, mas um dia seria alguém. Provaria sua capacidade!

Naquele momento, revendo todas as suas lutas, seu passado aventureiro, e olhando a mansarda onde vivia, pela primeira vez começou a duvidar de suas resoluções. Lembrou-se da casa de seus pais, pequenina mas rigorosamente limpa, pobre, mas com relativo conforto, das toalhas de crochê que sua mãe caprichosamente engomava, das flores do jardinzinho bem-tratado, da comida cheirosa que pontualmente era servida na cozinha asseada, dos doces caprichados da sobremesa, divididos criteriosamente e sem repetição, o que lhes dava sabor especial.

Da roupa cheirosa a alfazema, onde nenhum botão faltava. Da comida servida na cama quando se resfriava. Das irmãs, Norma era mais velha do que ele e Rosa mais nova, sempre alegres ajudando a mãe nas lidas da casa, aprendendo bordado e crochê nas tardes vagas sob as vistas diligentes da mãe.

João passou as mãos pelos cabelos em desassossego. Fazia quarenta anos e estava só. Mulheres houvera muitas, mas ele fora suficientemente esperto para não se deixar amarrar. Era livre. Não ia trabalhar para sustentar ninguém que viesse ainda dar palpites em sua vida.

Amava as mulheres, mas sem casamento, rotina ou responsabilidade. Ele? Era forte e inteligente.

Olhou o quarto ao redor. Nunca lhe parecera tão feio, tão pobre, tão vazio. Sem querer, voltou a lembrar-se da casa paterna.

Afinal, não podia deixar de reconhecer que aqueles tempos não tinham sido tão ruins. O pai, apesar de severo e disciplinado, não era rude, e se não fosse a rotina dura do ganha-pão, talvez tivesse sido mais interessante ou inteligente. É, ele não era ruim.

Lembrou-se de quando lhe dera a primeira calça comprida e vira um brilho emotivo em seus olhos. Na hora julgara que ele queria comprá-lo, mas então, entendia que ele o considerava um homem.

Esquisita sensação, misto de susto e desconforto, brotou no peito do João. Recordou-se dos maus-tratos e das humilhações que a contragosto suportara dos patrões para sobreviver durante todos aqueles 26 anos que se afastara do lar.

Pela primeira vez começou a pensar que talvez o pai estivesse com a razão. Afinal, era acatado e respeitado por todos, e se tinha trabalhado duro para manter a família, era muito bem assistido por ela.

Afinal, ele o que conseguira? Liberdade, sexo, aventura, tinham-no conduzido inexoravelmente à depressão, fracasso e solidão.

Levantou-se assustado pela força emotiva dos próprios pensamentos. Solidão, frio, abandono, indiferença. Se chorasse, ninguém o confortaria. Se adoecesse, a poeira e as teias de aranha se acumulariam pelo quarto, e se não conseguisse levantar do leito, o fogo permaneceria apagado e as panelas vazias e sujas.

A roupa, sem botões, suja e sem cuidados, e o pior, a solidão, dia e noite, dura e implacável.

E se eu me casasse?, pensou ele no auge da angústia. E se eu construísse um lar?

Sabia-se um homem atraente. Ganhava mal, mas dava para um casal viver com economia. Mas as mulheres pareciam-lhe todas iguais, fúteis e indiferentes, maldosas e falsas. Se encontrasse alguém como sua mãe...

Percebeu, então, que a admirava por sua extrema fidelidade, dedicação, lealdade, amor à família. Sentiu saudades. Sua mãe costumava acariciar-lhe os cabelos docemente para que dormisse. Isso até os oito anos, porque depois dessa idade seu gesto carinhoso o irritava. Como fora cego! Nenhuma mulher do mundo jamais o olhara com tanto amor! Sentiu vergonha. Durante todos aqueles anos, jamais voltara à casa paterna. Deveriam estar velhos e cansados. Sentiu remorsos, como se uma luz se tivesse acendido dentro de si.

Não estava mais só. De repente percebeu que já fora rico, que tivera todas as coisas importantes da vida. Lar, carinho, amor, proteção. O que dera em troca? Teria ainda tempo de reparar o erro?

Lágrimas desciam-lhe pelo rosto enérgico e sentiu vontade de olhar o rosto severo do pai, de sentir a mão carinhosa da mãe em seus cabelos, de ouvir a risada alegre e inocente de suas irmãs.

Poderia pedir-lhes perdão. Sabia por conhecidos que eles ainda residiam na pequena cidade do interior, na mesma casa que o vira nascer. Suas irmãs se tinham casado, formado família, mas os velhos estavam lá, no mesmo lugar.

Frenético, apanhou sua valise, colocou seus pertences pessoais dentro e correu para a estação. Apanhou o trem. Eram onze horas da noite quando bateu palmas no jardinzinho singelo. Coração aos saltos. Queria pedir-lhes perdão. Queria pedir para ficar.

A luz acendeu-se:

– Quem é? – perguntou uma voz de mulher.

– João, sou eu, João.

A porta abriu-se:

– Rosa, é você!

Era a irmã, mulher feita, mas quase a mesma. Porém, sua fisionomia estava dura, severa, sem a alegria costumeira.

– O que quer? – indagou com frieza.

– Eu vim para casa. Rosa, estou arrependido. Sinto-me só. Tenho saudades de todos, quero voltar!

Ela olhou-o com raiva:

– Com que direito? Você amargurou nossa vida inteira, matou nosso pai de desgostos.

Ele empalideceu:

– Não me diga que papai...

– Morreu. Foi enterrado ontem. Sua indiferença sempre o martirizou. Fizemos tudo para sanar sua falta, suprir sua ausência, mas ele era surpreendido fitando seu retrato entre lágrimas, chamava seu nome entre pesadelos. Envelheceu muito quando o tempo passou e você não voltou. Ele o amava muito.

Lágrimas corriam pelas faces de João. Como pudera ser tão cruel? Tão cego, tão burro, tão ingrato?

– E mamãe, como está?

– Dedicada e humilde, sufocou sempre sua dor para nos dar felicidade e paz, conforto e bem-estar. Foi companheira de papai até o fim.

– Eu quero vê-la! Preciso dela! Quero pedir-lhe perdão!

– Você não merece. Com que direito vai perturbá-la com a recordação dolorosa da sua ingratidão?

João estava esmagado. Jamais se sentira tão ínfimo. Sua irmã tinha razão, era tarde demais. Ele não merecia senão a solidão que plantara com seu tremendo orgulho e seu egoísmo sem limites. Iria embora.

– Tem razão, Rosa. Estou arrependido, mas agora é muito tarde. Não tenho nenhum direito a este lar que deixei. Volto a São Paulo. Gostaria que você também me perdoasse.

Vendo-lhe a fisionomia severa, voltou-se para que ela não o visse chorar.

Foi aí que ecoou um grito onde se expressava o maior sentimento de amor e que fez vibrar as cordas mais íntimas dos dois irmãos:

– João! Meu filho!

E por um irresistível magnetismo ao qual nenhum deles pôde resistir, estavam os três apertados no mesmo abraço, chorando e rindo juntos, e enquanto a porta da casa singela se fechava, ainda se pôde ouvir uma voz embargada que dizia:

– Meu Deus, como sou feliz! Eu sabia que um dia meu amor o traria de volta, em qualquer tempo, em qualquer lugar. Obrigada, meu Deus!

Marcos Vinícius

Dizer e Fazer

O carro parou rangendo os pneus no asfalto da rua. Zezinho desceu apressado e, com solicitude, onde se mesclavam preocupação e precipitação, ajudou a mulher a descer, com certa dificuldade.

Era o primeiro filho deles. Haviam-no esperado durante seis anos e então, após muitos tratamentos e cuidados, ele ia nascer!

Conduziu a esposa ao *hall* da maternidade e na portaria indagou pelo médico.

— Não vai demorar — respondeu a jovem secretária solícita. — É para internação?

— É — gaguejou ele, atrapalhado. — Acho que é, não sei ainda.

A jovem passou o olhar indiferente e avaliador pela fisionomia pálida e contraída de Noêmia e concluiu:

— Está bem. Antes, porém, vou pedir um exame. Queira aguardar na primeira sala à esquerda.

Zé agradeceu. Acomodaram-se na sala clara e cheirando a desinfetante.

— Estou com medo — balbuciou ela, apertando a mão do marido. Suas pernas tremiam e ela estava em pânico.

— Tenha calma, tudo irá bem — Mais à guisa de conforto, acrescentou: — É assim mesmo.

— Como é que você sabe? É nosso primeiro filho!

Zezinho impacientou-se:

— Eu sei. Claro que sei! Meus amigos me contaram como é.

Nisso Noêmia mordeu os lábios com nervosismo:

— Ai, não suporto essa dor!

Aflito, o marido saiu pelos corredores rumo à portaria.

— Como é, senhorita, minha mulher esta mal!

— Aguarde mais um instante. Ela já vai ser atendida.

Suspirando, nervoso, ele voltou à saleta, mas o informaram que a esposa passava por um exame na sala contígua. Viu quando, depois, a porta abriu-se e a parteira com fisionomia serena assegurou:

– Pode proceder à internação. O processo de parto já começou. Tudo está normal. Mantenha-se calmo.

Sentimentos contraditórios agitavam o coração de Zé. Dividia-se entre a excitante expectativa e o medo.

Instalados no quarto confortável, Zezinho, enquanto a esposa repousava entre uma dor e outra, procedendo a exercícios respiratórios adequados, pensava! Seu filho! Era esperado há tanto tempo e agora ia chegar. Deus ouviu minhas preces. Afinal, era um homem dedicado às tarefas do bem e havia mais de dez anos tornara-se estudioso da doutrina Espírita. Possuidor de mediunidade, dedicara-se com seriedade ao seu ministério. Aos poucos, fora conquistando os benefícios da vidência e da assistência aos necessitados através de passes. Mas o que Zezinho fazia melhor e com mais prazer era a assistência às crianças necessitadas. Dedicava algumas horas semanais a esses trabalhos e há já algum tempo assistia as crianças excepcionais. Era com elas que trabalhava mais. Por seu jeito fácil de argumentar e expor as verdades do Evangelho, cabia-lhe sempre o dever de orientar os pais desalentados pela colheita inesperada de uma criança excepcional.

Ele costumava dizer aos pais aflitos:

– É uma glória poder receber um espírito no lar nessas condições. É um trabalho lindo e edificante amparar e conduzir esses espíritos em desequilíbrio para a redenção com Jesus!

E ele falava encontrando frases de amor e de conforto para com todos aqueles que não tinham condições de entender o porquê das suas dores. Mostrava-lhes a lei da ação e reação, o amor do Pai, e com tal arroubo que, aos poucos, suas palavras iam confortando e esclarecendo.

Conduzida sua mulher para a sala de parto, Zé não pôde esperar no quarto. Dirigiu-se ao corredor onde, em uma saleta,

101

os pais aguardavam as notícias. O tempo foi passando, e em companhia de mais três companheiros que se solidarizaram logo pela hora em que viviam, olhava ansioso para a porta por onde a enfermeira passaria.

Duas saíram sobraçando dois bebês e os quatro correram pressurosos. Dois pais felizes e emocionados acompanharam as enfermeiras e os outros dois ainda permaneceram à espera. Mais uma criança, ambos correram; era do seu companheiro.

Sozinho, Zé ficou mais angustiado. O tempo não passava. Até que por fim a enfermeira saiu. Comovido até as lágrimas, Zé aproximou-se, e num gesto comovido, descobriu a criança. Tornou-se pálido e a voz morreu na garganta.

– Não pode ser – gritou assustado. – Não pode ser!

Seu filho não tinha braços. Apavorado, saiu correndo do hospital e por muitas horas andou pelas ruas remoendo seu drama. Não compreendia por que Deus o punia. Ele que sempre fora tão bom e dedicado às obras do bem.

Foi para casa. Não se atrevia a ver a esposa. Estava arrasado. Queria morrer. Por pouco não tentou o suicídio.

Altas horas, um amigo foi procurá-lo a pedido da esposa aflita, e Zé chorou copiosamente. Tinha que voltar ao hospital. Mas não queria ir.

Quando o amigo lhe disse que seu filho era normal, não acreditou. Ele o vira! Não iria ao hospital.

A custo o amigo levou-o e lá, pálido e trêmulo, Zé ouviu a explicação da enfermeira:

– O bracinho do bebê estava flectido e precisamos enfaixá-lo junto ao tórax. Mas o senhor não me deu tempo de explicar. Seu filho é normal, "seu" José.

Zé baixou a cabeça envergonhado por entender que o que sempre lhe fora fácil de dizer, ele não tivera coragem de fazer.

Marcos Vinícius

Ambição

O sol ia alto crestando as folhas verdes do campo quando Inácio se sentou à beira do caminho sob a sombra acolhedora de frondosa árvore.

Cansado, seu pensamento divagava e não sentia nem a brisa suave dos galhos nem a frescura amena que graças a ela desfrutava. Estava desanimado. Tanto trabalho para quê? Desde cedo fora chamado à vida dura da roça e nem se lembrava do dia em que empunhara a enxada pela primeira vez.

Afinal, o que conseguira? Miséria, miséria, calos nas mãos, dores nas costas, nada mais. A vida sempre lhe fora pesado fardo que ele carregava a contragosto.

Casara-se com moça pobre e sem beleza, pressionado pela família e pela necessidade de construir o próprio lar. Para quê? Apenas para dobrar a miséria com a chegada dos filhos, mais bocas a alimentar.

Um deles, o mais velho, era incapaz para o trabalho, sofria moléstia dolorosa, não andava nem falava, requerendo cuidados da mulher, que por isso não podia trabalhar na roça.

Vida atribulada! O que ganhara com isso?

Inácio passou a mão pela testa suada. Estava arrasado. Vencido, cansado. A idade começara a pesar, embora não tivesse mais do que quarenta anos. Tinha três filhas que o ajudavam no cultivo da terra, mas eram sofridas e pálidas, sem beleza nem alegria.

Dessa forma, de que lhe adiantava viver? Lágrimas doridas lhe rolavam pelos rosto enquanto o peito se lhe oprimia em tristes soluços.

Imóvel, apático, triste e vencido, Inácio, depois de soluçar muito tempo, adormeceu.

Então aconteceu o inesperado: encontrou-se de pronto em salão suntuoso de riquíssimo castelo, decorado com púrpura e ouro. Radiante, Inácio sentiu-se sentado em rica poltrona, e com prazer passou a mão refinada e cheia de anéis pelo tecido recamado do gibão de veludo. Com verdadeira volúpia alisou a artística cabeleira que lhe cobria a cabeça e olhou para os delicados sapatos de cetim com fivela de ouro que lhe calçavam os pés.

Sentiu-se extremamente feliz. Essa era sua real posição, o resto um pesadelo inglório e sem razão de ser.

A um canto do salão, tecendo delicada tapeçaria, estava uma mulher, de singular beleza, em quem, encantado, Inácio reconheceu a esposa. Como pudera aquela mulher desajeitada e feia transformar-se em tão encantadora criatura? Sentiu-se muito à vontade, aproximou-se dela, e tomando-a nos braços com exacerbada paixão, espantou-se muito ao ouvir-lhe a risada nervosa e escarninha. Sem querer, Inácio irritou-se, gritando desarvorado:

– Mais uma vez me repeles, eu não vou tolerar isso!

– Sabes que te detesto! Que te odeio e que não te queria para marido. Se te aproximas – tornou ela, pálida, – mato-me.

Em sua mão brilhava um punhal. Inácio sentiu um calafrio.

– Persistes em repelir-me. Compraste o meu ódio! Verás do que sou capaz!

Aí, aconteceu um fenômeno estranho. Inácio estava apavorado, aflito, querendo conter-se, mas apesar disso, não podia deter os acontecimentos que se sucediam vertiginosos e contra sua vontade. Viu-se remoendo o ciúme e o rancor. Até que descobriu casualmente os encontros clandestinos de sua mulher com um dos seus melhores amigos. Cego de ciúme, planejou tudo, e em memorável ceia serviu o vinho envenenado ao descuidado rival.

Viu a esposa gritar apavorada enquanto seu amado estertorava no chão, e ele ria como louco.

Daí para a frente, viu-se arrebatado pela luxúria, pelo rancor, e a figura do rival contorcendo-se em ritos de ódio e dor o perseguia sem cessar. Pensou enlouquecer. Queria fugir, acordar daquele pesadelo, mas não conseguia. O rosto da esposa acusando-o, o rival agredindo-o e ele querendo matá-lo de novo, para livrar-se do tormento.

Não saberia dizer quanto tempo durou esse sofrimento. Sentiu-se molhado de suor frio, e quando as forças se esgotaram, lembrou-se de Deus. Orou muito pedindo ajuda. Após reiterados esforços, suave figura de mulher o acolheu e balsamizou suas feridas. Aos poucos Inácio se foi acalmando. Depois, perguntou desalentado:

– O que fazer para libertar-me desse sofrimento?

A bela mulher sorriu com suavidade e esclareceu:

– Inácio, o melhor remédio para nossas feridas é o esquecimento. Volta para a Terra, mas foge da riqueza que te endureceu o sentimento e atiçou a ambição. Trabalha com tuas mãos duramente para arrancar da terra teu sustento e disciplinar teu espírito perdido no orgulho. E levanta com o perdão e o esforço constante tua infeliz mulher, que pela beleza te inspirou a mais rude paixão. Só que para que aprendas a valorizar as qualidades do seu espírito, ela será feia e desajeitada, aprendendo a lição da humildade e do trabalho. Juntos, deverão acolher a alma que, ela pela paixão desvairada e tu pelo ciúme destruidor, arrojaram na loucura e no ódio.

– Voltar, eu? Com ela sim, porque ainda a quero, mas ele? Meu perseguidor e inimigo? Achas que poderei suportar?

– Não te queres curar? Por que recusas o único remédio?

– Não suportarei.

– Preferes tê-lo a te perseguir a vida inteira? Na carne, como poderás lutar com o seu ódio que jura destruir-te?

Inácio, apavorado, viu surgir a figura dementada do seu rival brandindo o punho contra ele. Assustado, enfraquecido, implorou ajuda da sua benfeitora.

– Perdoa – disse ela – e ora por ele.

– Eu perdôo – gritou Inácio atormentado – eu perdôo!

Naquela hora, seu rival olhou-o surpreso, e sem articular palavra, rolou por terra. Inácio, espantado, o viu transformar-se na figura de seu pobre filho incapacitado e sofredor. Deu tremendo grito e acordou.

Levantou-se apressado e olhou o sol.

– Que lindo dia! – pensou renovado. Lembrou-se da esposa e sentiu alegria. Ela sempre lhe fora fiel e dedicada. Sempre o esperava contente no fim do dia. Melhor não ser bonita mas fiel.

Suas filhas eram trabalhadoras e bondosas. Por que reclamar? Afinal, não era só ele que tinha um filho doente. Conhecera gente rica que tinha filho incapaz.

Ágil, ganhou a estrada. Precisava trabalhar, plantar para poder colher. Era feliz. Como não vira isso antes? Ser rico era besteira. Afinal, só servia para criar pesadelos em sua cabeça. O melhor mesmo era esquecer.

Alegre, assobiando, retomou o cabo duro da enxada e iniciou seu trabalho com energia redobrada.

Marcos Vinícius

O Recado

Naquela tarde ensolarada, Décio caminhava rua abaixo, apressado e suarento. Não se preocupava em observar as pessoas nem os lugares por onde passava, guardando o rosto marcado pela preocupação e pela ansiedade.

Em sua mente a figura de Marta assumia aspecto ameaçador e suas palavras duras ainda lhe ecoavam na mente excitada.

– Vá – gritara ela no auge do furor. – Vá e dê-lhe o recado. Ou ela ou eu! Se ele teimar em manter essa farsa, eu juro que dou cabo da vida. E pode dizer que não vou deixar nossos filhos ao desamparo. Levo-os comigo!

Décio ainda tentara acalmá-la, mas em vão. Ela lhe parecera determinada. Repetira sempre a frase terrível, e seus olhos fixos o fizeram recear que ela cumprisse a ameaça.

Marta fora sua amiga de infância, quase irmã de criação, uma vez que sua tia a adotara ainda muito pequena. Um pouco mais velho, Décio fora sempre seu amigo e confidente; ela o procurava sempre que tinha um problema ou alguma alegria. Queria-lhe bem como a uma verdadeira irmã. Fora com alegria que lhe acompanhara os sonhos de moça, seus namoros, e quando conhecera Jorge, tornara-se seu confidente, seu apoio. Fora padrinho do casamento, e nos cinco anos de vida em comum com o marido, Marta continuava confidenciando a Décio suas emoções e suas lutas.

Com tristeza confortara-a, enquanto esperava o nascimento de Edinho, segundo filho do casal, quando soubera que Jorge, moço alegre e um tanto leviano, se estava desinteressando do lar, afastando-se cada vez mais, seduzido pelas ilusões sempre fáceis de um novo amor sem responsabilidade. Décio fizera o possível, tentara conversar com Jorge, procurando em vão trazê-lo ao dever assumido. O moço não o levava a sério, dizendo ser um flerte sem importância, uma distração sem conseqüências para passar o tempo.

Alegava que Marta estava irritadiça e exigente e a cada dia mais desagradável. A gravidez, quase em seguida do primeiro filho e os afazeres domésticos, sua indisposição, os cuidados com o bebê, tudo isso a tinha transformado em uma mulher muito diferente do que ela fora em solteira. Mas Jorge alegava que a amava muito e que não pensava em ter um caso extraconjugal. E ajuntava, dando de ombros:

— Eu sou humano, que diabo. Para agüentar a barra em casa tenho que espairecer de vez em quando.

— Mas Marta desconfia, quase adivinha suas saídas, tudo a torna mais nervosa. Você deve ter paciência. E deve ajudá-la a cuidar do Renatinho.

— Eu sou paciente. Só que não tenho jeito com criança. Ela sempre diz isso. Depois, não estou fazendo nada de mais, só vou dar umas voltas com os amigos. Não se preocupe, velho, está tudo bem.

Mas, infelizmente, não estava. E quando o bebê nascera, Décio precisou procurar Jorge por toda parte, mas ele só foi encontrado no dia seguinte.

Marta confidenciava com ar ameaçador:

— Ele me paga! Agora estou indefesa, aqui no leito do hospital, mas quando eu melhorar, ele vai ver.

E ele realmente viu. Marta a cada dia se tornava mais irritada e ele menos interessado pelo lar. Até que as coisas se precipitaram. Décio fora chamado às pressas. Marta surpreendera o marido no apartamento com outra mulher. Seguira-o às escondidas e o vira encontrar-se com uma moça, e ambos, em atitude amorosa, se tinham dirigido àquele apartamento. Cega pelo ciúme e pelo rancor, Marta os seguira de longe, e esperando um pouco, entrara no edifício a tempo de ver o andar em que o elevador parara. Não hesitara, subira e se deparara com dois apartamentos. Resoluta, tocara a campainha e uma senhora a atendera. Perguntara pelo casal, mas a senhora não os tinha visto. Então só poderia ser no outro. Apertara a campainha e esperara. Ninguém abrira, o que a deixara furiosa. Tocara várias vezes e nada. Decidira esperar. Não arredaria pé. Somente uma hora e meia depois a porta fora aberta e o casal aparecera na soleira. Marta estava tão revoltada que nem podia falar. Jorge empalidecera enquanto a moça a olhava curiosa.

— Jorge! — murmurara com voz que a raiva tornava apagada. Ele a encarara com olhar duro.

— O que está fazendo aqui?

— Seu traidor. Finalmente o encontro.

— Acalme-se — continuara ele com voz fria. — Sabe que odeio escândalos.

— Pois eu não me calo. Todos vão saber que patife você é.

— Acho que precisa acalmar-se e depois conversaremos. Somos pessoas civilizadas.

— Eu não sou civilizada — gritara ela, tentando conter as lágrimas. — Como posso tolerar uma indignidade dessas?

— Pois entre um pouco e acalme-se. Depois conversaremos.

Mas a moça não conseguia acalmar-se, e, tremendo, exigira:

— Mande embora essa mulher para que possamos conversar. Com ela não há condições.

A jovem a olhava cinicamente. Ele decidira:

— Vou levá-la até sua casa e você me espere.

Marta, vendo que o marido e a outra se dirigiam ao elevador, perdera o controle. Passara a mão em um vaso que estava sobre a mesa do *hall* e o atirara sobre os dois, que se esquivaram, e ela começou a pegar os objetos e atirar. Os dois saíram pela escada enquanto a vizinha acudia, tentando acalmá-la. Somente horas depois, no pronto-socorro, foi que Décio, chamado às pressas, a encontrara. Estava pálida, desfeita, mas os calmantes tinha sido impotentes para fazê-la adormecer. Aí, começou a odisséia de Décio. De um lado a intransigência e o rancor de Marta, de outro o orgulho de Jorge, que se recusava a voltar ao lar enquanto sua mulher não estivesse mais calma.

Uma semana depois de noites insones e tentativas para harmonizar os dois, Marta chamara Décio e transmitira-lhe o trágico recado para o marido: ou ela ou eu!

Vendo-lhe a louca determinação no olhar obstinado, fizera o possível para adiar, procurando contemporizar até que a tia chegasse do interior, onde a mandara chamar. Mas Marta estava irredutível. Se o marido não aparecesse mataria os dois filhos e se suicidaria. Pusera Décio porta afora dizendo-lhe, obstinada:

– Se ele se recusar a aparecer, dou cabo de tudo. E não estou brincando.

Preocupado, aflito, o moço caminhava em busca de Jorge. Recomendara à empregada que não se afastasse dela um minuto. E a qualquer atitude estranha chamasse pelos vizinhos. Estava tão perturbado que não vira o carro em disparada no cruzamento. Uma brecada, gritos, correrias, e Décio estirado no asfalto, sem vida.

Desde esse momento, começou para o espírito do moço uma triste obsessão: chegar ao lado de Jorge e transmitir-lhe o recado. Porém, atordoado e aflito, não lograva encontrá-lo. Seu espírito continuava caminhando pelas ruas sem conseguir atingir seu objetivo. Exausto, aflito, desmemoriado, só queria uma coisa: desincumbir-se da tarefa.

Gastou nisso muito tempo, sem dar-se conta, fugindo sempre das pessoas que procuravam conversar com ele para explicar-lhe os acontecimentos. Até que um dia, por fim, em seu confuso pensamento, resolveu procurar Marta. Ela haveria de entender. Mas, onde?

Depois de muito tempo, conseguiu finalmente encontrá-la. Emocionado, aproximou-se e procurou explicar-lhe o acontecimento que o prostrara, e embora não se acreditasse morto, sabia que o acidente o impedira de encontrar Jorge e dar-lhe o trágico recado. Porém, a moça estava em crise e não parecera registrarlhe as palavras. Sentia-se mal, doente, e para seu espanto, Jorge estava ao lado dela procurando acalmá-la e atendê-la.

O que estaria acontecendo? Marta, contudo, para surpresa de Décio, sentia dores pelo corpo, aflição, falta de ar, tanto quanto ele próprio. Foi com curiosidade que Décio acompanhou o casal a uma casa cheia de gente. Era noite e o ambiente parecia acolhedor e tranqüilo. Suave música tornava a atmosfera agradável. Alguém orou com fervor e Décio se comoveu.

De repente, sentiu-se tomado por um vento forte e parecia que todos se tinham calado para ouvi-lo. Alguém lhe disse:

– Pode falar. O que se passa consigo?

Décio não saberia descrever o que ocorreu. Uma torrente, uma força de atração o arrastara junto a uma jovem senhora, sentada em torno de uma mesa, e ao mesmo tempo ele começou a gritar, entre soluços:

– Por favor! Deixem-me ir. Eu preciso encontrá-lo, tenho que lhe dar o recado. Por favor!

E por estranho fenômeno, Décio viu-se na rua andando apressado, mas ao mesmo tempo sentia que estava naquela sala, onde uma voz de mulher repetia suas palavras como um eco, embora mudando algumas frases, sem trocar-lhe o sentido. Marta soluçava tomada de emoção. Uma voz calma tornou convincente:

– Não se preocupe. Agora está tudo bem. Seu recado já foi dado, a pessoa está aqui e agora você pode ver que tudo está bem.

– O acidente!

– Calma. Lembre-se que a morte não existe e o espírito é eterno. Você regressou à Pátria Espiritual.

Décio levou um choque:

– Morto, eu?!

– Sim. Seu corpo morreu no acidente, mas seu espírito continua vivo. Aceite a vontade de Deus.

Décio chorava. Mas as preces das pessoas presentes o envolviam na forma de vibrações amigas. Décio ainda perguntou:

– E eles?

– Está tudo bem. Não se preocupe. Agora siga em paz.

Décio preocupou-se.

Para onde?, pensou. Naquele instante, viu o rosto alegre de uma enfermeira que se aproximara, dizendo-lhe atenciosa:

– Venha comigo. Agora tudo está bem.

– Para onde?

– Para um lugar de refazimento.

– Eu quero saber tudo.

– É simples – esclareceu ela. Sei do seu caso. Quando você sofreu o acidente, o choque de Marta foi terrível. Jorge, também chocado, voltou para casa e, condoído, passou a culpar-se pelo ocorrido, julgando-se o último dos homens. Marta, por sua vez, também tinha complexo de culpa, e assim acabaram apoiando-se mutuamente e procurando esquecer o passado. Quando você a procurou, em sua perturbação ela ficou pior, uma vez que é pessoa sensível e tem tarefa de mediunidade. Aconselhados por amigos, procuraram o Centro Espírita onde se reúnem os amigos abnegados que nos acolheram nesta noite.

Décio sentiu-se muito bem. A noite era linda e cheia de estrelas. Olhando a casa cheia de gente que ficava para trás, murmurou aliviado:

– Sabe de uma coisa? Fiquei embaraçado em transmitir um recado perigoso, mas quem soube mesmo fazer as coisas e dar "aquele recado" foi a providência de Deus.

A enfermeira sorriu e respondeu:

– Por certo que você não deixa de ter razão.

E tranqüilos, em pouco desapareceram rumo a outros horizontes.

Marcos Vinícius

Caridade

Jovino Ferreira era um homem muito caridoso.

– É preciso fazer o bem – dizia sempre. – Há que ser bom, aceitar as coisas da vida.

E realmente Jovino aceitava tudo. Concordava sempre com o que lhe pediam. Se lhe buscavam o bolso minguado em constantes empréstimos, ele acedia sempre, sem verificar se estava capacitado a isso.

Muitas vezes submeteu os seus a dificuldades inúmeras, pois o minguado salário saía do seu bolso na multiplicidade das rogativas dos amigos sempre em dificuldades.

Mas ele dizia à esposa revoltada:

– Não posso negar! É preciso fazer caridade.

– Mas ele é um desocupado, e além do mais alcoólatra. Seu dinheiro vai enterrá-lo ainda mais no vício. E nossos filhos? Precisam comer. Já devemos ao armazém, à farmácia, o aluguel. Você precisa modificar-se. Assim, não dá!

– Calma, mulher. Acho que não podemos negar.

– Mas até o seu José exigiu que você pagasse aquela multa, quando a culpa foi dele. Isso é uma injustiça.

– Deixe, mulher. Eu fiquei com pena dele.

E Jovino era assim. Sua mulher foi perdendo o respeito por ele e a cada dia mais e mais o tratava com descaso diante dos outros. Seus filhos também não o tratavam com o devido respeito. Andavam em más companhias, abandonaram os estudos e, por fim, alinharam-se com marginais em trapaças, deixando o emprego honesto e humilde.

Jovino, estoicamente, aceitava tudo. As pessoas que lhe conheciam o suplício e a paciência julgavam-no um santo homem. Enquanto os menos bons, os velhacos, o julgavam imbecil. Mas Jovino não titubeava.

– Tudo o que faço é ser caridoso com o próximo.

Mas era inegável que os problemas familiares lhe abalaram as fibras mais íntimas do sentimento. Afinal, sempre fizera o bem. Por que tudo lhe saía errado? Por quê?

Já velho e doente, curtiu a triste solidão, sem dinheiro. Seus amigos pedintes desapareceram. Um filho na prisão, o outro não sabia onde estava. A filha, separada do marido, enveredara pelo rumo triste do desequilíbrio moral.

Jovino terminou seus dias num abrigo de velhos, na indigência. Revoltou-se. Quando se viu no Plano Espiritual na condição sofrida e triste de mendigo, não mais se controlou: deu largas à reclamação. Mas, por mais que gritasse, chorasse, esperneasse, não conseguiu mudar as coisas. Até que caiu em prostração.

Quanto tempo esteve assim não soube precisar, mas um dia lembrou-se de Deus e começou a orar. Rogou humildemente ajuda e esclarecimento.

Até que uma jovem enfermeira apareceu diante dele. Ajudou-o com carinho, e auxiliada por dois assistentes, levou-o a tratamento em hospital.

Jovino começou a melhorar, e à medida que melhorava, mais suas dúvidas e sua angústia aumentavam. Não podendo mais suportá-las, um dia pediu uma audiência ao mentor daquele agrupamento.

Recebido por ele com atencioso respeito, não pôde sopitar a avalancha de revolta que o consumia e relatou toda sua vida. E finalizou:

– Sempre fui um homem caridoso. Tudo quanto fiz foi para ajudar os outros. Não foi isso que Jesus ensinou? Como pude ser tão injustiçado?

O mentor sorriu com ternura. Depois, olhando com firmeza nos olhos do queixoso pupilo, tornou com voz clara:

– Jovino, acho que agora você precisa tratar de melhorar, porque na verdade você disse bem. O Cristo ensinou que é preciso praticar a caridade. Mas, acho que você cometeu um triste engano.

– Como assim?

– Você mesmo vai descobrir isso. Durante seis meses vai assistir à projeção de sua última existência e vai anotar todos os atos caridosos que praticou. Só que vai poder ver o que as pessoas fizeram e como reagiram com seus atos de caridade. Depois, voltará com essa relação anotada para concluirmos nosso assunto.

Jovino saiu contente e renovado. Mas quando voltou, seis meses depois, vinha triste e humilhado.

– E então? – perguntou o mentor com simpatia.

Jovino respondeu, humilde:

– Realmente, durante esses seis meses revi tudo com atenção e reconheci que jamais tive um ato de caridade. Enganei-me. Confundi as coisas – parou embaraçado. Depois criando coragem, completou: – Não sabia ajudar. Confundi comodismo, servilismo e fraqueza com caridade. Mas agora já sei. Se eu tiver outra chance, espero não errar.

O mentor sorriu, abraçou-o e disse-lhe:

– Hoje você já fez a sua caridade, porque começou simplesmente a se ajudar.

Marcos Vinícius

O Susto

Apolinário Mendes de Brito era homem íntegro e cumpridor de seus deveres. Porém, estava revoltado. A vida se lhe parecia como fardo pesado que se via obrigado a carregar a contragosto, sem que para isso o houvessem consultado.

Afinal, sempre fora um homem de fé, e nessa crença colocara o dever, a honradez, o trabalho como meta prioritária de suas obrigações.

Contudo, as pessoas não pensavam assim, e ele fora muitas vezes ludibriado em sua boa fé por falsos amigos, malandros e espertalhões. Era demais! Fora roubado, espoliado, humilhado, desprezado, injustiçado em diversas ocasiões por criaturas com as quais privara, em todas as classes sociais. Como compreender? Como aceitar ver-se vítima da maldade alheia, logo ele, que jamais fizera mal a ninguém? Até quando deveria sofrer desilusões?

Assim, Apolinário, ferido em seus mais caros sentimentos, foi perdendo o gosto de viver.

No emprego, apesar de nunca faltar ou chegar tarde e de esforçar-se no cumprimento das suas obrigações, jamais saíra da sua posição humilde de escriturário; no lar, apesar de mostrar-se compreensivo, educado, entregar o envelope do dinheiro à esposa ficando com o mínimo indispensável para suas despesas, era sempre colocado em segundo plano por ela e até pelos filhos, que só acatavam as deliberações e prodigalizavam atenções à mãe, deixando-o isolado e esquecido.

Seus amigos tinham para com ele atitude paternal, dando-lhe tapinhas nos ombros, jamais o levando a sério.

Quando era mais moço, suportava tudo corajosamente, aceitando a situação. Mas, então, estava cansado. Sentia-se infeliz, inútil, abatido, sem ânimo para continuar. O que fazer?

Com o coração despedaçado, entrou em uma igreja e, ajoelhando-se, começou a orar. Apesar de tudo, tinha fé. Deus sabia de suas necessidades. Mesmo assim, suplicou-lhe ajuda para poder levar avante sua triste vida com coragem. Chorou, e o desabafo aliviou-lhe um pouco o peso que sentia.

Foi quando aconteceu o acidente. Ao sair da Igreja, ia tão imerso em seus pensamentos que não viu o carro na curva da rua. Atirado a distância, perdeu os sentidos.

Acordou em um local estranho, vendo pessoas ao seu redor preocupadas com o que lhe acontecera.

— Estou bem... — murmurou, procurando recordar-se do que lhe tinha acontecido.

Um moço de fisionomia alegre tomou-lhe o pulso e tornou:

— Tudo bem. Você vai ficar bom, só que vai ficar no leito por algum tempo.

— O que aconteceu?

— Um acidente. Mas, não se preocupe. Está tudo bem.

Foi aí que Apolinário alçou a vista e viu tio Romão. Empalideceu e gritou:

— Tio Romão! O senhor está morto! Onde estou? Por acaso eu morri?

Tio Romão, calmo e sereno, aproximou-se, e fixando o rosto apavorado do sobrinho, disse com voz firme:

— Não, meu filho. Você não morreu.

— Tem certeza? Então como o senhor está aqui?

— Deus ouviu suas preces e resolveu atendê-lo...

Apolinário estava trêmulo. Ele continuou:

— Afinal, a vida é um fardo muito pesado mesmo.

— Nem tanto — respondeu ele, assustado. — Afinal eu tenho saúde. Amo minha família.

— Mas eles não ligam para você... — continuou o tio, sério.

— Mas minha mulher é boa mãe, honesta e ótima dona de casa, nunca me deixou faltar nada.

— E os amigos?

– Problema deles. Eu sempre fui correto e generoso. Ajudei o quanto pude. Se eles não valorizam, problema deles. Eu tenho a consciência tranqüila.

– Pode ser, mas no emprego o chefe abusa de você, dando-lhe trabalho em excesso e jamais a carreira e a promoção que você merece...

– É, tio, mas sempre ganhei o suficiente para manter a família e nunca faltaram recursos, ainda que não tivéssemos luxo.

– Mas então você não quer morrer? Não está cansado de viver?

– Quem disse isso? É verdade que eu estava um pouco desanimado, mas a vida é preciosa. Não quero deixar a família! Por favor, tio, diga que eu não estou morto...

– E você não está mesmo. Acalme-se. Mas, lembre-se, meu filho, ao acordar na Terra, que você é um homem feliz. Como você mesmo reconheceu há pouco, tem tudo quanto poderia desejar, só que ainda não tinha aprendido a enxergar. Volte para seu corpo, e apesar de não poder recordar-se depois de tudo quanto conversamos, lembre-se sempre de cultivar a alegria, valorizando as coisas boas que já possui, porque o excesso de imaginação, a vaidade, a insegurança e o posicionamento indevido colocam sérios obstáculos na conquista dos bens efetivos de felicidade que já possuímos e nossa fantasia coloca sempre em outro lugar. Ore e confie em Deus.

Apolinário acordou ainda ouvindo a voz do tio ressoando em seus ouvidos. Abriu os olhos e deparou-se com a fisionomia contraída de Alzira, sua mulher, a fixá-lo com ansiedade.

– Graças a Deus! – disse ela, nervosa. – Graças a Deus você acordou.

Pegou-lhe as mãos, apertando-as com força. Depois acariciou-lhe a testa com delicadeza:

– Apolinário, meu bem. Que susto! Pensamos que tivesse morrido! Valha-me Deus, que angústia!

– É, papai, – disse a filha com doçura, – você nos pregou um susto!

Ainda meio tonto, ele murmurou:

– O que aconteceu? Onde está tio Romão?

– Ele delira – fez a mulher assustada. – O tio Romão está morto.

O filho assustou-se:

– Pai, você não vai morrer! O que faríamos sem você?

Apolinário sentiu uma onda de calor invadir-lhe o peito. Sua mulher, seus filhos o amavam, agora ele começava a entender.

– Não, eu vou viver! Estou muito feliz. A vida é uma maravilha! Eu sou um homem muito feliz.

Preocupada com a súbita euforia do marido, Alzira tomou:

– Veja, Apolinário. Desde a hora do acidente, ontem, seu chefe veio aqui duas vezes, disse que você é seu melhor funcionário, queria que nada lhe faltasse. Seus colegas e amigos também vieram e olhe, o Eugênio e o Júlio estão aqui.

Apolinário sentiu-se exultar. Vendo-os respeitosos e atentos, comovidos e sérios, não se conteve e gritou:

– Deus é bom! A vida é preciosa e eu sou o homem mais rico do mundo.

Enquanto a esposa, preocupada com o comportamento do marido, solicitava a presença do médico, Apolinário, sorridente e renovado, sentindo-se vivo entre seus familiares, não pôde deixar de pensar:

– Que susto!

E pareceu-lhe ouvir ainda dentro de sua mente a voz do tio Romão dizendo:

– Abençoado susto. Santo remédio para todos, porque às vezes é preciso sofrer o risco de perder para aprender a valorizar!

Marcos Vinícius

O Desastre

A casa regurgitava. Todos queriam saber como tinha acontecido e d. Maria chorava sem parar ao relatar sua desgraça. Havia duas horas que seu filho, jovem de 25 anos, sofrera um acidente, estando em estado grave em cidade distante.

Enquanto aguardava um parente que deveria conduzi-la ao lado do filho, a pobre senhora não podia dominar seus nervos.

José Ricardo era muito conhecido no bairro pelo seu jeito alegre e folgazão, amante da música e sempre bem-humorado. Desde a morte do pai, deixara os estudos e trabalhava como vendedor de produtos químicos, sendo o arrimo da casa modesta.

– E agora – soluçava a pobre mulher, – o que será de mim? Pobre do meu filho. E o Américo que não chega? Por que demora tanto? Não vê que eu morro de aflição?

Algumas vizinhas prestativas a acompanhavam recomendando calma, trazendo-lhe de quando em vez uma tisana para tomar.

Quando seu irmão Américo chegou ela já estava exausta, mil idéias lhe passavam pela cabeça, e todas temendo sempre o pior. Ainda teve forças para recomendar a dona Josefa que tomasse conta do seu cachorro de estimação e da casa, pois não sabia quando ia voltar.

E o carro arrancou, levantando poeira sob os olhares compadecidos dos vizinhos.

A viagem foi angustiosa porque a tensão era grande. D. Maria quase não falou, a não ser para se lamentar, apavorada com o que poderia estar acontecendo com o filho.

Américo, homem muito ocupado, deixara seus afazeres para socorrer a irmã em desespero. Preocupava-se também pelo sobrinho, com quem não se afinava muito, mas apesar disso, não podia deixar de estimar. José Ricardo, apesar das loucuras que fazia, sabia ser simpático, e o tio não resistia ao seu sorriso alegre ou ao seu jeito amigo.

– Vamos, não adianta ficar desse jeito. Acalme-se.

– É fácil dizer. Mas Zezinho é tudo que eu tenho no mundo. Se ele me faltar, não conseguirei viver!

– Bobagem. Não faça tragédia. Deixe de se lamentar. Agora me conte. O que aconteceu? Como soube?

– Você sabe como eu sou preocupada. Sempre que ele sai para viajar fico com o coração na mão. A semana passada sonhei que ele tinha sofrido um acidente fatal. E agora...

– Que você é trágica, isso eu sei. Está sempre pensando em desastres, tragédias e mortes. Mas, você ainda não me contou. Como soube? Alguém avisou?

– Não. Eu estava na cozinha lavando minha louça quando ouvi a notícia pelo rádio.

– E o que disseram?

– Que na Anhangüera dois veículos se chocaram, sendo internado em estado grave, na Santa Casa de Campinas, José Ricardo Siqueira, de 25 anos, etc. Fiquei como louca. Você sabe que ouço sempre as notícias, principalmente quando o Zezinho pega estrada. Foi sorte, porque apesar de ter o endereço no bolso dele, até agora ninguém me foi avisar de nada. Se eu não tivesse ouvido, não estaria sabendo. Quando escutei a notícia, comecei a gritar, e a Josefina, que mora do lado veio logo me socorrer. Você sabe, meu coração. Estou mal. A esta hora ele pode ter morrido! Não pode ir mais depressa?

– Não é prudente. Estou fazendo o possível. É melhor controlar-se. Afinal, nem sabe o que houve. Pode até nem ser grave.

– Eu sinto que é. Que o Zezinho vai morrer! Ah! meu Deus, o que farei sem ele? Como viver?

Américo suspirou. Conhecia o gênio da irmã, sempre tão exagerada. O pior é que ela podia estar certa, e então, como evitar outra tragédia? Olhou-a. Estava lívida, rosto contraído pela angústia. Pisou no acelerador. Tinha pressa em chegar.

– Trouxe algum remédio para o coração? – Sabia que ela o tomava de vez em quando.

– Não sei, acho que na bolsa sempre tenho um.

Tinha que acontecer logo com ela, colecionadora de tragédias e desastres? Tinham ainda uma hora de viagem, e à medida que se aproximavam do local, Maria ia ficando mais e mais nervosa. Predisse a morte do filho, falou do velório, do enterro e até do dinheiro para as despesas. Falava do túmulo da família quando pararam na porta do hospital.

Quando entraram na portaria, Maria estava prestes a desmaiar, tal o seu nervosismo. Preocupado, o irmão chamou uma enfermeira, que a conduziu ao pronto-socorro, onde o médico de plantão a obrigou a deitar-se, embora ela protestasse e chamasse pelo filho. Américo, nervoso, disse-lhe:

– Cale-se. Desse jeito não posso saber do Zezinho. Fique quieta que eu vou perguntar. E dirigindo-se ao médico:

– Ela está muito nervosa. Seu filho foi acidentado e deve estar internado aqui. Parece que em estado grave.

– Veja se consegue que ela fique deitada, senão serei forçado a dar-lhe uma injeção para dormir. Sua pressão arterial está altíssima e ela precisa de repouso. Não deve nem ser removida.

– Está ouvindo, Maria? – disse-lhe ele preocupado. – Se não atender, o dr. vai obrigá-la a dormir.

– Não, por favor, eu fico quieta. Quero saber do meu filho. Vá ver como ele está.

– Está bem. Se você prometer acalmar-se e esperar deitada, eu vou.

Américo, preocupado, dirigiu-se à portaria.

– Por favor, quero saber o quarto onde está José Ricardo Siqueira, que sofreu um acidente na Anhangüera hoje cedo.

– Um momento, por favor.

Américo estava com a boca seca. E se o sobrinho tivesse mesmo morrido? Como dar a notícia a Maria?

– Olhe, moço, não tem ninguém aqui com esse nome.

Ele admirou-se:

– Foi um desastre hoje cedo. O rádio disse que ele foi socorrido aqui.

– É melhor dirigir-se ao posto policial aqui ao lado, eles poderão informar com segurança onde o levaram.

Américo dirigiu-se ao policial formulando a pergunta:

– Hoje cedo? Sim, houve um choque de veículos na Anhangüera, mas a vítima sofreu escoriações generalizadas e realmente foi medicada aqui, mas já foi embora.

– Tem certeza? O rádio disse que estava em estado grave.

– Tenho. Eu mesmo fiz a ocorrência. Foi o único acidente hoje de manhã.

– E como se chamava a vítima?

– Um momento... ah! está aqui. O nome é José Donato Moreira, 35 anos, solteiro.

Américo estava estupefato.

– Diga-me, por favor, foi essa a única notícia de acidente que o rádio deu hoje na Anhangüera?

– Claro. Foi o único que houve. A vítima é seu parente?

– Não. Graças a Deus, não. Obrigado, muito obrigado.

Eufórico, procurou a irmã para levar a notícia, e ela custou a acreditar. Teve de telefonar ao hotel onde o filho tinha o hábito de se hospedar e falar com ele, que acabava de chegar.

Serenados os ânimos, Maria pretendia levantar-se para regressar, mas o médico, tendo em mãos o seu eletrocardiograma, não lhe permitiu.

– É, d. Maria. A senhora terá de ficar. Seu estado inspira cuidados. Sua pressão subiu muito. Há que repousar. Vou dar ordem para que a senhora seja internada.

E, diante da angústia de Américo, que tinha urgência em voltar, Maria não pôde fazer nada senão se calar, enquanto o irmão tomava providências para poder se ausentar.

Marcos Vinícius

O *"Polícia"*

Havia em uma pequenina cidade do interior um homem muito conhecido pela alcunha de "polícia". O "polícia", na verdade, jamais fizera parte de nenhuma organização policial, e ninguém sabia de onde lhe viera o apelido. Mas o fato é que ninguém o chamava de outro nome. Aliás, poucos lhe conheciam o nome de batismo.

Confundindo o apelido com a profissão, sempre que alguém discutisse ou brigasse, sempre que houvesse pendências e dúvidas, e até desavenças de família, chamavam o "polícia" para intervir. E ele ia, ar enérgico, com seriedade, sem tomar partidos, procurando aplicar sanções por vezes curiosas nos faltosos, e o interessante é que todos lhe acatavam a autoridade. Assim, o "polícia" tornou-se uma espécie de juiz.

Na verdade, ninguém lhe conhecia as origens. Aparecera na cidade, jovem ainda, trajando roupa comum. Alguém disse que o tinha visto chegar em carro oficial, e, por isso, conjecturou-se que ele seria um agente secreto, um policial em missão desconhecida. Assim, a partir daí, eles começaram a procurá-lo para resolver seus assuntos.

Residindo em modesta pensão, levava vida pacata, e dentro em pouco corria de boca em boca seu senso de justiça. Tinha um jeito especial para resolver os problemas de cada um.

Não trabalhava, mas pagava pontualmente suas despesas, o que mais ainda confirmou a suposição de que ele fosse mesmo agente secreto.

O tempo foi passando e o "polícia" se foi tornando um líder. Muitos o obsequiavam com presentes, que não íam além das guloseimas caseiras e das peças de vestuário. Ele, sempre sóbrio, aceitava agradecido, mas mantinha sua posição de neutralidade.

– O que mais fere um homem é a injustiça – costumava dizer.
– Por isso, sempre que alguém me procurar, quero ser justo.

Apesar de beirar os quarenta anos, havia muitas senhoritas interessadas em casar-se com ele, mas o "polícia" se mantinha circunspecto, afastando-se das mulheres educadamente.

Essa atitude gerou um clima de mistério, e alguns até lhe atribuíam um caso de amor impossível, ou um drama passional que o teria conduzido até ali e o trazia solitário, apesar dos muitos amigos que fizera com sua maneira de ser.

Um dia, porém, alguém o procurou às pressas:

– Corre, "polícia". Há uma briga feia na casa de Osório.

E o "polícia" correu. Jamais usara arma. Ao chegar lá, estacou. Em frente à casa, na calçada, um homem magro, atarracado, fisionomia de ódio, trazia uma faca reluzindo entre os dedos. Osório, parado, suando, lívido, desarmado. Os dois estavam a ponto de se pegar de novo.

– Foi esse forasteiro – esclareceu alguém. – Chegou hoje, procurou Osório e quer matá-lo.

O "polícia" estava lívido. Pela primeira vez ele demonstrava medo. Já tinha enfrentado situações piores, sem tremer um músculo sequer. Mas, naquele momento, ele estava parado, mudo, sem condições de dizer nada.

– E então – argüiu seu acompanhante, – não vai intervir? Mas o "polícia" estava ali, parado, mudo, suando frio.

– Pare, homem, – gritou alguém para o agressor. – O "polícia" já chegou.

Ao ouvir falar em polícia, o homem pareceu sair da fixação de matar Osório. Assustou-se. Olhou em volta e gritou:

– Polícia? Onde? Nosso negócio é só nós dois, não tem nada com polícia.

O "polícia" quis sair, mas foi agarrado pelos companheiros.

– Aqui. O nosso polícia. Ele quer falar-lhe. Pode resolver sua questão com Osório sem briga.

O outro olhou-o e de repente soltou uma gargalhada.

– Você?! Então brincando comigo?

– Não – disse alguém. – Ele é o "polícia" e ninguém melhor do que ele para resolver esses assuntos.

O homem pareceu momentaneamente esquecido de Osório. Olhou irônico o "polícia" que, pálido, nada dizia, e tornou:

– Desde quando ele é polícia?

– Desde muitos anos, quando chegou aqui. Fale, "polícia", vamos.

"Polícia", de repente, pareceu animar-se. Olhou-o de frente.

– Vamos, aqui sou autoridade. Fale o que quer de Osório, e se você tiver razão, ele terá de ceder. Tudo pode ser resolvido dentro da lei. A briga acaba mal e não resolve nada.

Um murmúrio de vozes de apoio saiu da pequena multidão que estava ao redor. O homem colocou a faca na cinta, limpou o suor, e endereçando um olhar rancoroso para Osório, disse:

– Eu preciso falar em particular com o "polícia". Sou homem que acata a lei.

– Concordo – respondeu o "polícia". E, juntos, foram a um canto da rua conversar, enquanto os demais ouviam Osório contar sua versão do caso.

Assim que se afastaram, disse o agressor:

– Gino, eu te conheço. Não adianta dar uma de polícia. Depois que você deu o fora daquela cadeia imunda eu ainda curti quinze anos. Mas sua cara nunca esqueci.

O "polícia" estava sério. Tinha conseguido dominar-se.

– Cumpri minha pena até o fim. Já saí da condicional. Não tenho contas a ajustar com a lei.

– Mas agora explora esse povo, eu manjo o seu jogo. Sabe que fui pra cana por causa desse sujeitinho, o Osório? Vou dar cabo da vida dele. Eu jurei.

– E aí você volta pra cadeia. É isso o que quer?

O outro estremeceu.

– Vou dar cabo dele e você vai ficar caladinho. Porque senão eu acabo com a sua alegria. Conto tudo. Você, o famoso mão-de-gato, com vários assaltos e até suspeita de homicídio nas costas, se fazendo de juiz. Se não me ajudar, conto tudo.

O "polícia" estava lívido, porém, controlado. Com certo esforço, disse-lhe:

— Não posso fazer nada. Durante toda a vida vivi fugindo. Não quero voltar ao passado. Agora tenho vida nova, não vou voltar ao crime. E você bem podia deixar essa vingança estúpida que vai levá-lo de novo para a cadeia. A liberdade é preciosa. Você nem sabe o quanto ela é boa quando somos respeitados e ouvidos. Eu não vou ajudar, e se puder impedir, vou impedir.

— Vai ficar calado, isso sim. Vou dar cabo dele e fugir e você não vai me denunciar. Quando a polícia chegar eu estarei longe.

Os olhos dele brilhavam determinados.

— Não faça isso. Eu não vou deixar.

— Canalha, você me paga!

Puxou da faca e, decidido, avançou contra o "polícia", que procurou defender-se como pôde, segurando o pulso do agressor com força. Foram logo rodeados pelos presentes, que sem saber o que fazer, assistiam à cena apavorados. O "polícia" suava em bicas no esforço hercúleo de evitar o golpe, mas a certa altura não pôde evitar que a lâmina lhe penetrasse a coxa, e o sangue jorrou, ensopando-lhe a roupa.

Alguém teve a idéia de pegar um cacete e com ele vibrou tremenda pancada no agressor, que caiu desacordado.

Correria, vozerio, todos querendo socorrer o "polícia" que, pálido, apertava a ferida tentando estancar o sangue.

Alguém o colocou no automóvel e levou-o ao médico, enquanto os outros amarravam o malfeitor desmaiado, conduzindo-o à delegacia, onde contaram a sua versão.

No dia seguinte, porém, ao ouvir o depoimento do preso, o delegado admirou-se. Conhecia o "polícia", e embora soubesse que ele não pertencia a corporação alguma, admirava-lhe a atuação ponderada, as soluções inesperadas mas justas que ele sugeria, e sentindo a maneira discreta com que atuava, considerava excelente sua cooperação porquanto lhe evitava muitos problemas, resolvendo-os da melhor forma. Não cobrava nada, portanto, respeitava-o como um idealista.

Ouvindo agora do preso que ele era um assaltante vulgar e ex-sentenciado, além de surpreso, ficou desconfiado. Não acreditava em recuperação de marginal. Talvez um grande golpe. Resolveu investigar. Intimou o "polícia" a prestar declarações bem como pediu a todos que tivessem tido algum caso solucionado por ele que viessem prestar seu depoimento.

E o delegado, admirado, assistiu ao desfile de grande parte da população da cidade, cada um contando com respeito e entusiasmo seu caso, todos elogiando a atuação do "polícia" naqueles quinze anos em que vivia na cidade. Não havia um só caso suspeito que o pudesse desabonar. Uma brilhante folha de serviços prestados voluntariamente e sem remuneração que faria inveja ao mais honrado policial.

Intrigado, mandou entrar o "polícia". Gino entrou, pálido, mancando ainda pelo ferimento, mas de cabeça erguida.

– Sente-se, Gino, – disse-lhe o delegado.

Vendo-se chamar pelo nome, ele estremeceu.

– Agora, conte tudo. Desejo ouvi-lo.

Ele relatou o caso com o agressor, mas o delegado objetou.

– Eu desejo mais. Quero ouvi-lo sobre sua vida antes de chegar aqui. Sobre o que você fez aqui eu já estou bem a par.

Gino fez um gesto vago.

– Que posso contar? Minha mãe foi abandonada por meu pai e logo se juntou a outro homem, que me espancava a pretexto de me educar. Eu tinha seis anos e já andava pelas ruas procurando conhecer o mundo. Tive que me defender e gostava de me divertir. Comecei como punguista e acabei como mão-de-gato. Casei com moça de classe, mas não deu certo. Nem podia dar. Quando fui condenado, o pai dela e o advogado me propuseram um acordo e o desquite. Aceitei mais por raiva. Porém, nos oito anos de presídio, mudei minha forma de ser. Compreendi que estava errado e que precisava mudar. Quis viver honestamente. Quando saí, vendi a casa que me coubera pelo acordo, coloquei o dinheiro a juros e vim para cá começar nova vida.

O delegado olhou-o como a um espécime raro.

– E como resolveu ser o "polícia"?

– Eu não resolvi. Eles é que me puseram esse apelido. Eu nunca disse que era da polícia. Mas, sofri muito na vida e, o que é pior, fiz mal a muita gente. Assim, ajudando os outros, acho que posso pagar um pouco pelos erros que cometi.

– Estou admirado, mas uma coisa me intriga. O que o fez mudar assim?

– É que no presídio conheci o Espiritismo e compreendi que todo mal que fazemos volta sobre nós. Estudei a Doutrina Espírita e percebi as razões de muitas coisas e a verdadeira justiça de Deus. Desde aí, sou outro homem. Não passo de um pobre coitado, mas o povo me ouve porque a justiça que eu prego é a verdadeira, as leis de Deus, o respeito à vida, aos outros, às coisas.

Deu um suspiro e perguntou:

– E agora? O que vai ser de mim? Seja o que for, eu mereço pelo muito mal que já fiz neste mundo.

O delegado, olhos úmidos, com voz firme, aduziu:

– Nada, Gino. Quero que saiba que somos gratos pelo trabalho que tem feito. Hoje evitou um assassinato, quase à custa da própria vida. Desejo pedir-lhe que continue seu trabalho.

Gino levantou-se, olhos brilhantes de alegria. O delegado continuou:

– O que sei ficará entre nós. Quero apertar-lhe a mão.

Gino estendeu-a tímido, e o delegado apertou-a com prazer.

– A propósito – disse-lhe ele, – poderia indicar-me alguns livros de Espiritismo? Gostaria muito de ler sobre o assunto.

Enquanto trocavam idéias, uma pequena multidão aguardava a saída do "polícia", pronta para abraçá-lo e aplaudi-lo.

Marcos Vinícius

A Volta

O encontro fora duro, difícil. Por mais que tentasse esquecer a ofensa, ela ainda doía, cruel e viva, dentro do seu ser.

Muitos anos se tinham passado desde que haviam decidido separar-se, porém, como aceitar o fracasso das ilusões, os sonhos destruídos, o amor contrariado?

Jorge chegara em casa calado, pensativo e indiferente aos seus sentimentos, aos seus anseios e esperanças. Tinha decidido:

– Sinto muito. Não dá mais para continuar. Amo outra mulher. É mais forte do que eu. Acontece. Vou-me embora. Deixo o carro, a casa, tudo é seu. Darei uma mesada boa, nada faltará a você e às crianças. Espero que compreenda.

O mundo desabara sobre sua cabeça. Tantos anos de lutas em comum, tantos anos de carinho, de dedicação, de fidelidade. Tudo inútil. Jorge queria sua liberdade. Jorge esquecera.

Ela e as filhas eram empecilhos à sua felicidade!

Pensara nas filhas, tão amorosas e ingênuas! Como aceitar? Como admitir que um homem atire fora o amor sincero da mulher que escolhera livremente, das filhas que precisam do seu apoio e afeto, em busca de novas ilusões, novo destino?

A dor enlutara seu coração. Chorara, pedira, tentara defender seu lar, sua vida. Tudo em vão. Teve de aceitar. Teve de mutilar seus sentimentos, teve de assumir a triste condição de solidão e de abandono, teve de consolar duas crianças magoadas, frustradas em seu mais puro amor.

Quem poderá saber as lágrimas que chorei? Ou conhecer a dor que rasgou minhas mais caras esperanças?, pensava.

Depois de oito anos, ele quis vê-la. Estava arrependido, traído, abandonado. Sofrera um abalo, estava ameaçado de enfarte.

Vendo-o abatido e triste, comoveu-se.

– Peço-lhe que me perdoe. Errei muito, mas tenho sofrido bastante. Temia morrer sem dizer-lhe isto.

Ela fixou-lhe o rosto pálido.

– Tudo passou – respondeu sem saber o que dizer.

– Sim. Tudo passou. Porém, estou muito arrependido. Já há algum tempo que os rostinhos das meninas não saem do meu pensamento. Gostaria de vê-las de novo.

– Não sei se elas vão aceitar. Ficaram muito magoadas. Não conseguem esquecer.

A amargura do seu rosto acentuou-se:

– Eu mereço. Troquei uma mulher como você e o amor das meninas, o lar feliz pelas sensações, pela paixão, pela loucura.

Marisa fez um gesto vago.

– Não falemos do passado. Mandou chamar-me. Eu vim. Porém, matei meus sentimentos. Ou melhor, você os matou. Hoje, sinto-me incapaz de qualquer emoção em relação a você. Não posso mudar. Sinto muito, mas você escolheu. Agora, assuma sua vida e procure reconstruí-la como puder.

Ele a olhou, súplice:

– Já disse que estou arrependido! Tenho sofrido tanto!

Ela foi irredutível:

– Não posso. Não quero vê-lo mais. Tudo acabou.

– As crianças...

– São duas adolescentes. Vou dar-lhe seu recado. Decidirão o que fazer.

Saiu. Seu rosto estava duro e o rancor brilhava em seus olhos. Não quis ir para casa. Preferiu andar um pouco para refazer as idéias. Pela sua cabeça, as cenas sucediam-se e as lembranças brincavam com seus sentimentos, reavivando a amargura. Como tinham sido difíceis aqueles oito anos! Sorrir para as meninas, tendo o coração partido. Enxugar-lhes o pranto, tentando evitar a revolta, conservando-a dentro de si como ferida irremediável.

O olhar de comiseração dos amigos comuns, da família, tentando consolar.

Porém, o tempo fora aliado generoso, e já Marisa se sentia pelo menos calma. Suas filhas, apesar dos problemas, tinham conseguido refazer-se.

Marisa alcançou a praça e sentou-se, pensativa. Os pássaros passavam alegres, enfeitando o fim da tarde.

Nos primeiros tempos sonhara com o dia em que Jorge voltasse arrependido. Então, ela perdoaria e tudo voltaria a ser como antes. Isso tinha acontecido, mas ela não sentia a esperada alegria. Parecia-lhe que ele era um estranho, que estava tratando com outra pessoa.

Por outro lado, suas filhas adolescentes, como receberiam a notícia? Tinham sentido tanto a falta do pai! Desejariam sua volta? Deveria consultá-las antes de dar a resposta definitiva? As indagações confundiam sua cabeça. Por que Jorge aparecia agora, depois de tantos anos, para trazer-lhe problemas?

Olhou o relógio e levantou-se. Tinha de ir para casa.

Doía-lhe a cabeça quando entrou. Maricy a esperava.

– Você demorou, mamãe.

– É. Fiquei dando umas voltas. Maura já chegou?

– Já. Está no quarto.

– Chame-a. Precisamos conversar.

– Está bem.

Pouco depois sentavam-se na sala, diante da mãe, com ar preocupado. Esperavam que ela falasse.

– Recebi hoje um telefonema. Seu pai está no hospital.

As duas olharam-se admiradas:

– O que ele tem? – indagou Maricy.

– Teve uma ameaça de enfarte. Já está melhor.

– Você foi lá? – inquiriu Maura.

– Fui. Ele mandou chamar-me. Queria conversar. Está muito arrependido. Pediu-me perdão. Quer ver vocês.

As duas, rostos pálidos, tensas, olhavam para a mãe sem saber o que dizer.

– O que foi que ele disse? – perguntou Maura.

– Que se enganou. Que jamais deveria ter trocado o meu amor sincero e o carinho de vocês por uma paixão passageira e descontrolada. Isso me surpreendeu. Faz tempo que não tínhamos notícias dele.

– Tio José me disse que ele morava no Rio de Janeiro – esclareceu Maricy.

– É. Morava. Mas estava aqui em São Paulo quando adoeceu. Esteve mal, agora está melhor.

– O que você pensa fazer? – indagou Maura, pensativa.

– Perdoou? – tomou Maricy

– Não consegui. Disse-lhe que tudo acabou. Ele destruiu o amor que eu sentia. Agora, não dá mais.

– Você não sente mais nada por ele? – perguntou Maricy.

– Não sinto. Estou incapaz de qualquer emoção.

– Então, mamãe, você está livre! Livre dele. Tanto pode morrer como viver, não faz mal.

Marisa assustou-se:

– Está falando de seu pai como essa frieza!

– Não sou eu quem sente esse desamor, mas você.

– Mas não desejo que morra, pelo amor de Deus.

– Não disse isso – respondeu a menina com calma, – disse que você não vai se importar. Afinal, o amor acabou.

Marisa irritou-se:

– Quer dizer que eu sou insensível? Que lhe desejo a morte? No fim vai dizer que sou culpada de tudo.

– Ela não disse isso, mamãe – esclareceu Maura.

– Pois eu sei o que vocês pensam. Querem que ele volte, que se instale aqui de novo, depois do que fez, do que sofremos, da dor que nos causou. Vocês o amam e o querem de volta, é isso?

Marisa sentia a cabeça estourar de dor e a custo continha as lágrimas. As duas olhavam-na admiradas. Nunca a tinham visto daquele jeito. Nem nos momentos mais duros que tinham passado Marisa perdera o controle das emoções. Ela levantou-se e continuou:

– Não importam meus sentimentos, minha dor, meu desespero. As noites que passei a rolar insone na nossa cama vazia, as lembranças em cada canto da casa, as músicas que embelezaram nosso amor, a imensa saudade! Quem poderá entender?

Marisa caiu em pranto convulso. As duas mocinhas olhavam-na sem saber o que fazer ou dizer. Marisa soluçou durante muito tempo. As lágrimas corriam-lhe pelas faces sem parar. As duas meninas abraçaram-na com carinho. E ela chorava, como se aquele pranto tanto tempo guardado revelasse sua imensa dor, oculta e represada. E, como que naturalmente, as duas meninas, abraçadas à mãe, também começaram a chorar. Permaneceram assim, abraçadas e soluçando durante muito tempo. Depois, aos poucos, o pranto foi cessando, e as três continuaram abraçados, caladas.

Por fim, Marisa afastou-se um pouco, afagando os cabelos das filhas enquanto dizia:

– Passou. Agora está tudo bem. Já passou.

As duas olhavam-na sem querer perguntar. Foi Marisa quem esclareceu:

– Tudo está bem agora. Amanhã iremos vê-lo no hospital.

Os dois rostinhos iluminaram-se em alegre sorriso:

– Logo cedo? – fez Maura.

– Claro. Bem cedo – tornou Maricy. – Quero levar-lhe algumas flores, bem bonitas.

Marisa olhou-as enternecida.

– Sim. Iremos bem cedo e levar-lhe-emos flores. Vamos saber do médico até quando ele ficará lá. Porque esta casa tem de estar muito bonita, muito enfeitada quando Jorge voltar!

E de novo havia esperança em seus olhos, porque um amor muito grande e sincero, que ela em vão tentara sepultar e esquecer, abrira seu caminho e reassumira seu lugar.

E as três, felizes, ainda abraçadas, não paravam de conversar.

Marcos Vinícius

O Velório

Saturnino José da Silva era homem estimado e de boa família. Tinha vivido durante anos no bairro e por isso era muito conhecido.

Tinha muitos amigos, e os vizinhos consideravam-no homem ponderado e distinto, sempre bem-posto e educado.

Saía muito cedo todas as manhãs, sempre no mesmo horário, e regressava à tarde impreterivelmente às seis, recolhendo-se ao lar. Não era rico, mas ganhava o suficiente para oferecer conforto à família. Possuíam bela casa, automóvel e até uma casa na praia, para onde iam nos fins de semana e nas férias escolares.

Por isso, quando a notícia de sua morte correu, provocou consternação geral. Uma gripe comum, a princípio, revelou-se pneumonia e, por fim, houve o desenlace.

A família, consternada, estava inconsolável. Os três filhos já adolescentes choravam aflitos, e a esposa, d. Alice, muito chocada, era assistida pelos parentes e pelas vizinhas prestativas.

Acabrunhada, d. Alice não quis levar o corpo para o velório do hospital. Fazia questão de homenagear o esposo na própria casa onde tinham vivido durante tantos anos.

Houve relutância dos parentes, ponderando a inconveniência e os problemas de tal atitude, mas Alice conversou com os filhos e mostrou-se irredutível.

O velório de Saturnino seria em sua própria casa, na sala de estar. E, como nessa hora a viúva é quem decide, assim foi feito. O corpo de Saturnino foi conduzido para casa e exposto com todas as honras de praxe, as coroas dos parentes e amigos e os paramentos usuais. E começou então a longa noite de espera.

As pessoas entravam, fixavam a fisionomia calma de Saturnino, mexiam os lábios em oração, ar sério, compenetrado e compungido, olhos baixos. Alguns suspiravam, davam os pêsames à família sentada ao lado do corpo em atitude de certo alheamento, como que a duvidar da realidade dura e irreversível.

Era quase uma hora da madrugada, quando entrou na sala uma mulher jovem ainda, trazendo um menino dos seus oito anos pela mão. Estava pálida e chorosa. Olhos vermelhos. Apesar de ser pessoa de trato, vestia-se com simplicidade. Postada a um canto, chorava abraçada ao menino, a custo tentando dominar o pranto.

A princípio, ninguém disse nada. Mas os parentes olhavam-na com curiosidade. Quem era aquela mulher? Alguma parente distante? Amiga de alguém presente? Ninguém a conhecia.

Vendo-lhe a tristeza, as lágrimas, admiraram-se. E as irmãs de d. Alice começaram a cochichar:

– Quem é ela?

– Não sei, não a conheço.

– Pelo jeito não tem mais de trinta anos. Será que ele...

– Você acha?! Aquele santarrão! Várias vezes quis dar-me lições de moral.

– E o menino! Veja, é até parecido com a Cizinha.

– É, lembra a Cizinha. Então é filho dele?

– Isso é um desaforo. Uma ofensa! Um despudor – exclamou uma delas, exaltada.

– Você reparou que ela não deu os pêsames para ninguém?

– Claro. Seria demais. Que sem-vergonha!

– Precisamos tomar providências, fazer alguma coisa. Isso é um absurdo!

– Vou falar com Norberto.

O zunzum começou a correr de boca em boca e o ambiente se foi tornando hostil à desconhecida, e a própria viúva, alertada, olhava admirada e com raiva para ela.

Uma das irmãs de d. Alice aproximou-se dela, perguntando:

– Não me lembro de você. De onde a conhecemos?

A desconhecida fixou-a com naturalidade.

– Vocês não me conhecem.

– Ah! Então conhece só o Saturnino...

– Eu vim agradecer. O sr. Saturnino nos ajudou muito, a mim e a meu filho, num momento muito difícil da minha vida. Somos muito gratos a ele. Viemos rezar pela sua alma. Era um homem de bem.

A outra olhou-a com brilho de revolta nos olhos.

– Então, agora que já rezou, tenha a bondade de retirar-se. Sua presença nesta casa é indesejável. Você veio sujar a honra de uma família que não merece isso.

– O que está dizendo? Não compreendo!

– Retire-se ou chamo a polícia. Nunca mais ponha os pés aqui, sua desavergonhada.

Em vão ela tentou explicar, defender-se, mas não a quiseram ouvir. Ela retirou-se arrasada. E o velório continuou, porém o clima era outro. Na cozinha, nos quartos, no quintal, na calçada, as pessoas comentavam o incidente, e Saturnino caiu irremediavelmente do pedestal de homem correto e de bem, que durante anos tinha procurado preservar.

D. Alice estava revoltada. O santarrão, o marido exemplar, o homem caseiro e amigo da família! Falso, mentiroso, devasso. Tinha ligação fora do lar e um filho espúrio. Quem haveria de dizer! E d. Alice não chorava mais. Sentia-se enganada, injustiçada, ofendida.

Quando o enterro saiu, não derramou uma lágrima e ninguém mais orou por aquela alma pecadora. As piadas, o comentário leviano, a malícia, envolviam Saturnino, cujo corpo, imóvel e circunspecto, conservava ainda o mesmo ar sereno de antes.

Quando d. Alice voltou do cemitério, vinha disposta a descansar e a esquecer. Descansou naquele dia, mas no dia imediato resolveu enterrar o marido de sua vida definitivamente. Juntou tudo que era dele, sem tristeza nem remorso, para mandar a uma casa de caridade.

As pessoas olhavam-na com comiseração misturada a malícia. Alice tinha vontade de mudar-se dali, onde sua vergonha era conhecida. A notícia corria de boca em boca. Decidiu-se a vender a casa.

Nesse dia, foi procurada pelo cunhado. Otávio, apesar de fisicamente parecido com Saturnino, era bem diferente do irmão. Solteirão inveterado, levava vida livre, viajando e trabalhando às vezes fora do país.

Vinha triste e preocupado. Foi logo dizendo:

– Alice. Precisamos conversar. Assunto sério.

Ela sentou-se e esperou. Ele prosseguiu:

– Vocês estão pensando mal do Saturnino; ele é inocente.

– Você quer defendê-lo. Aquele patife! Deus me perdoe, ele já morreu. Mas é um patife, um mentiroso.

– Calma. Posso explicar tudo. Conheço aquela mulher!

– Conhece? Então você sabia?

– Não é nada disso. Aquela é Marina. Fui apaixonado por ela anos atrás. Tivemos uma ligação, mas quando eu vi que estava ficando sério, fui embora. Ela mandou dizer-me que estava grávida, mas não acreditei. Apesar disso, mandei dinheiro para ela fazer o aborto. Fiquei sossegado, crente que ela se tinha arranjado. No dia do velório, quando a vi com o menino, compreendi tudo. Não disse nada na hora porque achei que não era próprio. Fui atrás dela e soube que Saturnino evitou-lhe o suicídio e ajudou-a financeiramente a criar o menino. Vocês foram injustos com ela, que é mulher honesta e trabalha para sustentar o filho. Sempre me foi fiel. Saturnino sempre a aconselhou como um pai. Alice, estou arrependido. Meu filho é uma criança adorável. Resolvi assumir o meu papel. Caso-me com ela daqui a quinze dias e tenho certeza de que seremos felizes. E quero agradecer a Saturnino do fundo do meu coração, porque ele soube preservar para mim o tesouro que eu, na minha cegueira, atirei fora. Alice, perdoa-me. Saturnino sempre foi-lhe fiel.

E Alice, entre lágrimas de saudade e alívio interior, recolocou nos lugares de sempre o retrato do marido e as coisas que ele gostava de utilizar.

Marcos Vinícius

O Naufrágio

O mar refletia a luz do sol em suaves ondulações de prata enquanto o barco deslizava sereno singrando as ondas. Tudo era calma, paz, e todos os passageiros daquele navio de luxo ocupavam-se em agradáveis entretenimentos.

Pelo convés espalhavam-se em deliciosas cadeiras, os leitores inveterados e os gozadores do repouso agradável após o almoço lauto e bem preparado. Tudo era ordem, calma e tranqüilidade.

Distraídos, tranqüilos, nenhum deles percebeu que grossas nuvens começavam a formar-se no céu de onde o sol, aos poucos, se foi retirando, enquanto o mar, antes sereno e calmo, naquele momento encapelava-se, aumentando o balanço do navio.

De repente, a chuva violenta e forte e, recolhidos em seus camarotes, todos procuravam segurar-se arrumando seus pertences, amarrando as malas para que não dançassem pelos aposentos.

Era difícil manter-se em pé, e os assustados passageiros seguravam-se como podiam, alguns obedecendo às ordens do comandante, amarrando-se no leito, outros tentando segurar-se. O pavor tomava conta de todos.

A um canto do aposento, rico industrial segurava-se ao máximo, tentando conservar a calma. Porém, seus olhos refletiam medo e desespero.

– Tenham calma – pedia o comandante com voz firme. – Mantenham-se em seus camarotes. Amarrem-se no leito. A tempestade vai passar.

O industrial, porém, não conseguia acalmar-se. Nem a voz do comandante, vinda pelo interfone, conseguia sossegá-lo. Tinha medo da morte. Pela primeira vez em seus cincoenta anos, olhava-a de frente e cogitava que ela podia chegar de um momento para outro.

Amarrado ao leito, ele pensava. Tinha lutado muito para conseguir ser rico e respeitado. Nascera de família pobre e desde cedo formulara o propósito de subir na vida. Era seu fim. Sua meta. Tudo quanto fizera fora em função desse objetivo. Tinha estudado Direito com dificuldade e sujeitara-se às mais duras humilhações, sem salário, sendo a sombra de homens poderosos, para aprender o caminho da riqueza e do poder.

Nessa luta, tinha passado por cima dos sentimentos, do amor e até da honra, que colocava como um meio utilizável, desde que não viesse a público.

Seu casamento foi de interesse, seu lar de aparência, sua vida, dupla. Em casa o esposo íntegro, correto, exigente, altivo e sério. Fora, nos negócios, o inteligente, o sagaz, o ousado, o forte oprimindo os mais fracos, arrasando-os em proveito próprio. Era temido e respeitado. E, no íntimo, procurava satisfazer suas emoções com conquistas galantes, discretas. Extravasava seus instintos sensuais em ligações viciosas que conservava a seu bel-prazer e das quais desvencilhava-se quando se cansava, sem nenhuma preocupação ou remorso.

Assim levava a vida e julgava-se um vencedor. Finalmente, depois de tantos anos, decidira viajar. Fazer aquele cruzeiro para começar a usufruir da posição conseguida com tanto esforço.

Para a família, alegara estresse por excesso de trabalho, mas nas indústrias que presidia, tudo corria bem nas mãos de assessores de confiança. E, para sua maior alegria, a jovem secretária que lhe despertava todos os sentidos de cobiça concordara em acompanhá-lo.

Para guardar as aparências, cada um com uma cabina, claro. Ele não queria manchar sua imagem de homem sóbrio.

Com que prazer antegozara a viagem. Comprara roupas, preparara-se.

Apavorado, rememorava toda sua vida. Estava com medo. Arrependia-se de se ter metido naquela aventura. Fazia uma semana que tinham saído do Rio de Janeiro e sua aventura fora maravilhosa. Mas naquele momento, estava ali só e apavorado. O barco jogava cada vez mais e ele por certo iria naufragar. Onde estava Estela? Por que não ficava ali, com ele?

Suor frio corria-lhe pelas faces pálidas. O que fazer? Ele, um homem de ação que dominava todos, que tinha dominado a própria vida. Como deixar-se morrer assim, sem fazer nada, amarrado à cama como um cão?

Resolveu-se. Não se ia entregar. Queria viver! Iria lutar. Com mãos trêmulas, desatou os lençóis e com dificuldade conseguiu manter-se agarrado aos móveis. O barco jogava impiedosamente. Decidido, ele procurou reunir seus bens em um saco plástico. Larga soma em dinheiro, jóias, documentos, etc. Amarrou bem em volta do pescoço, guardando o pacote no peito, dentro da camisa. Estava pronto. Sabia onde havia um salva-vidas, e com muita dificuldade saiu da cabina segurando-se nas cordas que a tripulação tinha colocado atendendo aos problemas do navio.

Tudo era escuro e nem parecia dia. Gritos, ruídos, mas ele estava decidido. Não morreria como um cão. Encontrou o salva-vidas e com alívio adaptou-o. Estava pronto. Se o naufrágio se consumasse, ele por certo não seria tragado pelas ondas. Nem ele nem seus bens.

Tudo aconteceu num instante. Um balanço mais forte, a mão escapou das cordas e ele foi jogado pelo convés. Aturdido procurou agarrar-se em alguma coisa, mas não encontrou nada. Sentiu uma dor violenta nas costas e logo um repuxão no pescoço e perdeu os sentidos.

A tempestade ainda durou mais meia hora, depois, tudo voltou ao normal. O barco, valente e forte, continuava sobre as ondas, já calmas. E os passageiros, pálidos e aliviados, enjoados e abatidos, começaram a sair, a respirar o ar da noite que já começava a descer. Porém, consternada, a tripulação descobriu a um canto do convés o corpo de um homem que não se afogara, mas que, infelizmente, tinha sido jogado sobre um pau do convés e ficado preso por um cordão que trazia ao pescoço, com um saco de plástico, e morrera enforcado.

Marcos Vinícius

O Anjo da Guarda

Estou num tempo que não era o meu, numa vida que não era minha, num negócio que não queria.

Sou eu, sim, mas em outro mundo, distante das coisas que deveria estar fazendo, que me dariam prazer.

No entanto, eu devo estar aqui mesmo. No lugar, no ato, nesta forma, desta maneira. Por quê? Porque me meti em coisas para as quais não tinha sido chamado.

Isso pode acontecer a qualquer um. Aconteceu comigo. E agora? Agora é aprender, fazer o que é preciso. Para voltar ao ponto do qual nunca deveria ter saído.

Muitos estão assim como eu, comprando problemas que não precisam, enrolando-se com pessoas das quais podiam ter-se abstido. Posso explicar melhor. Minha mania de dar palpites foi o que me precipitou a esta fase desagradável e da qual tanto desejo sair.

Pensando bem, talvez tenha aprendido algumas coisas nesse desgastante caso. Mas, que bom se eu pudesse ter passado sem isso!

Quando de minha passagem pela Terra, pelos idos de 1877, o mundo era diferente. A vida mais disciplinada, os homens mais temidos e as mulheres mais recatadas. Bons tempos, aqueles.

Eu era homem. E o homem era o mais importante. E foi isso mesmo que eu pensei. Achei que era muito importante. E passei a meter-me na vida alheia. Vivi no Brasil. Filho de portugueses, recebi educação esmerada para a época. Sabia ler, escrever, contar, tinha haveres e família. Convenci-me de que era o dono de tudo. Apossei-me.

Que loucura! Mas tudo era tão fácil! Tudo era tão natural! Da esposa, dos filhos, dos irmãos, passei aos amigos e aos conhecidos, sem falar dos escravos, dos quais era o dono, com poderes de vida e de morte. Valha-me Deus!

Não contente com todo esse clã, que por muito tempo deverei carregar, já que me arvorei em "condutor" e em "dono", ainda consegui mais.

Na corte, passei a meter-me na vida de toda a gente. E, claro, os mais fracos e dependentes foram-se acomodando com meus palpites e acabaram por fazer somente o que eu dizia.

Fui cego. Escorreguei mesmo. A vaidade e o orgulho são maus conselheiros. Assumi a paternidade espiritual de todos eles.

Ai de mim! Filhos tão sem moral, tão sem saber o que é certo! Quando eu deixei a Terra, em 1925, cercado da atenção da família, do carinho dos amigos, do pranto dos meus conhecidos, das lamúrias, da lamentação dos que me estimavam, ia satisfeito e em paz. Como o rei cercado dos súditos. Absoluto. Ah! triste despertar! Dolorosa descoberta...

Logo ao chegar, fui cercado por multidão de pessoas furiosas, exigentes, cobrando-me por uma série de conselhos que eu havia dado, segundo minha forma acanhada de perceber, e que tinha transtornado os planos de todos eles. Queriam que eu lhes concedesse tudo de quanto eles tinham sido privados pela minha interferência indevida. Que luta, que sofrimento, que desilusão! Meu coração disparava, estava assustado, perseguido, acuado, e eles à minha volta suplicando, exigindo, pedindo.

Ninguém pode sequer imaginar o que passei. As lágrimas que chorei, o medo e o arrependimento que senti. Fiquei como louco.

Sem falar que, os que tinham ficado na Terra, sem saberem ater-se aos problemas da vida que eu sempre resolvi por eles, chamavam-me, e fui muitas vezes arrastado ao velho lar, impotente e sem ser percebido, para presenciar os desmandos e a incapacidade dos meus despreparados súditos.

Mau rei! Esse fui eu. Quis ser rei, mas não tinha sabedoria para levar o progresso aos outros. Chorei, sofri, exasperei-me, atraído aos lares das pessoas com as quais me envolvera, e por isso, transformei-me em pobre duende, aterrorizado, aflito, desesperado e suplicando um pouco de paz.

Foi depois de muitos anos que consegui. Eles foram esquecendo de mim e pude respirar mais livremente. Porém, estava arrasado. Sem coragem para nada, consciente da minha própria incapacidade.

Chorei, pedi, obtive, finalmente, um pouco de paz! Recompus-me no aconchego de um lugar de repouso, onde auri novas energias, e quando melhorei, desejei seguir adiante.

Mas, na verdade, ninguém pode seguir para a frente com tantos apelos na retaguarda. Ninguém pode buscar o próprio progresso sem reconstituir o que destruiu. É condição da nossa consciência. É condição do nosso espanto.

Então, fui forçado a tomar conhecimento da minha última etapa terrena. Tive que rever o que havia feito e fui forçado a reconhecer que me intrometera indevidamente nos problemas alheios e, por infelicidade minha, tinha sido ouvido. Partilhara da responsabilidade. Comprara as conseqüências, sofria reação correspondente.

O que fazer? Trabalhar, esclarecer, recolocar nos devidos lugares casais que o ciúme tinha separado, pais que tinham sido excessivamente severos com os filhos, mães que se recusaram a procriar, bens materiais colocados acima dos bens imperecíveis do espírito.

Maldisse meu orgulho. Lamentei a sorte. Esbravejei. Chorei. Revoltei-me. Mas não houve jeito. Tive de reconhecer que realmente eu tinha voluntariamente assumido a responsabilidade por coisas que não eram minhas. E agora? Não tive jeito. Não quis renascer ainda. Para quê? Do jeito que ainda sou, é bem capaz que volte a fazer a mesma coisa. Vocês não sabem como isso é fácil.

Então, sobrou-me apenas a hipótese de ser o "anjo da guarda" de todos eles. Porém, um anjo da guarda com supervisão superior. Uma espécie de *office-boy* dos assistentes superiores, acompanhando meus "súditos" onde quer que se encontrem e procurando influenciá-los para o caminho certo.

Isso é até muito bonito, me alegra até certo ponto, e não seria nada se eles não fossem tão diferentes do que precisam ser.

O difícil é mostrar-lhes coisas que eles não desejam ver, é contar-lhes sobre os verdadeiros valores da vida, que eles tudo fazem para continuar a ignorar.

Triste sina a minha. Mas a quem devo tudo isso senão a mim mesmo? A quem queixar-me senão ao meu próprio íntimo?

Vendo minhas dificuldades em conseguir meus objetivos, meus superiores dizem-me que minha responsabilidade não chega ao máximo de torná-los perfeitos, nem de transformá-los definitivamente. Consiste apenas em ajudá-los um pouco e também compreender, por minha vez, que o único destino que tenho em minhas mãos é o meu mesmo. Que a única vida que posso conduzir é a minha. Apenas a minha. Acho que estou aprendendo.

Quando me vejo ao lado de pessoas com as quais não tenho nada a ver, fazendo as coisas mais estranhas possíveis, nos lugares mais sem interesse para mim, por certo não posso deixar de refletir e lamentar minhas interferências na vida alheia.

Ah! Como eu gostaria de estar vivendo minha própria vida, de outra forma, com outras pessoas, noutro lugar! Porém, estou aqui. O que fazer?

Aprender. E aprenderei. Podem estar seguros que já estou aprendendo. Que já aprendi muito.

Pensem em mim com carinho e lembrem-se do idiota que fui escravizando-me a problemas dos outros por tanto tempo. Tanto que não sei ainda quando poderei libertar-me.

Até breve.

Belizário Souza

A Memória

Otávio Lemos era homem de inteligência. Possuía memória prodigiosa. Bastava ver alguma coisa para gravar tudo na mente. Para isso bastava querer. Fixava o ponto, gravava e nunca mais esquecia. Ufanava-se disso.

Funcionário de alta categoria de uma empresa, era famoso entre seus colegas por essa capacidade. Era só ter que memorizar alguma coisa com rapidez, chamavam Otávio e ele num instante resolvia o problema.

Se no emprego essa proeza era até certo ponto útil, já em casa, em família, causava algum problema. É que Otávio jamais esquecia os problemas dos outros membros da família.

Se por acaso a esposa dizia-lhe que pretendia fazer este ou aquele arranjo doméstico, ou atividade, e depois mudava de idéia, Otávio não se conformava. Cobrava mesmo. Vivia dizendo que a ordem era fator muito importante no progresso de cada um. Não que Maria José fosse relaxada, mas Otávio não aceitava que alguém pudesse protelar uma decisão.

– Não posso ficar com coisas não resolvidas. Incomodame. Se você disse que vai fazer, faça logo para que eu possa tirar isso da minha cabeça.

Com os filhos, então, era pior. Todos os dias queria saber seus deveres escolares, e minuciosamente cobrava-os com uma regularidade de espantar.

Até os casos de família, as fofocas dos parentes, os diz-que-diz-que dos amigos, ele guardava um a um na sua memória prodigiosa. Não adiantava passar o tempo, mudarem as situações, Otávio sempre se lembrava de tudo com muita clareza, como se fosse ontem, dizia orgulhoso.

Se alguns o admiravam, com o tempo passaram a implicar com ele. Se ele se lembrava como certos fatos realmente se tinham passado, porque não ficava calado? Por que tinha de remexer tudo com tantos detalhes?

Mas Otávio não transigia. Essa era sua glória. A memória. E contava tudo, corrigia os outros, acertando datas, fatos, acontecimentos, Ficava feliz, radiante. Para ele não era o fato em si que contava, mas sua capacidade de gravar, de não esquecer.

Como não dizer? Quem fala deve provar o que diz. Foi dessa forma que ele ficou temido e odiado em família. Alguns, irritados, praguejavam contra sua memória, agourando-lhe um mal que o deixasse menos bom.

E, com o correr dos anos, Otávio foi sendo tão temido quanto evitado por todos.

A princípio, ele não percebeu. Porém, quando enviuvou e os filhos se casaram, acabou ficando sozinho. Ninguém queria acolhê-lo no lar. Otávio estava inconformado. Como? Não fora ele sempre um homem zeloso dos seus deveres para com a família, com os parentes e os amigos?

E podia até catalogar as vezes que tinha socorrido uns e outros em detrimento até dos seus interesses particulares. Mas eles não se lembravam. Esqueceram-se com facilidade. Não que Otávio fosse interesseiro, isso não, os favores sempre os fizera desinteressadamente, porém tanta ingratidão o magoava muito. Por menos memória que tivessem, como podiam ter esquecido quem os tinha socorrido tanto?

Viveu agoniado o restante dos anos que esteve na Terra. Pela primeira vez na vida desejou esquecer. Não ter memória tão desenvolvida, não lembrar tanta dor.

Quando morreu, só e triste, chegou ao plano espiritual amargurado. Estava sem entender tanta falta de afeto dos próprios filhos. Procurou a esposa, não a encontrou. Depois de algum tempo, soube que ela também não estava interessada em estreitar os laços de amor que os tinham unido na

Terra. Quando se encontraram, por insistência dele, ela usou de franqueza:

– Otávio, sinto muito. Na Terra, honrei nosso compromisso de casamento. Fui esposa honesta e dedicada. Fiz o que pude. Agora, porém, quero seguir outro caminho. Não me leve a mal. Nosso compromisso foi lá, aqui acabou. Podemos conservar a amizade de sempre. Quero refazer minha vida de forma diferente.

Ele não entendeu, mas nada pôde fazer. Sabia que ela só reavivaria o compromisso antigo se quisesse. Ela não quis. Paciência. Tinha que aceitar a solidão. Que remédio! Porém, sentia-se muito infeliz.

Se voltava à Terra para visitar os filhos e os parentes que tinha deixado, percebia claramente que fora esquecido. Ele, porém, não esquecia.

Sua memória fazia-o recordar minuciosamente de tudo. Otávio foi, assim, a cada dia tornando-se deprimido e infeliz.

Apesar disso, trabalhava, ajudava como podia no setor de atividades que tinha sido designado para ele na cidade onde tinha sido chamado a viver.

Vendo-o tão triste, seu orientador espiritual chamou-o a sua sala para uma conversa.

Otávio, vendo-se recebido com gentileza e carinho, não suportou e chorou amargamente, desabafando o coração. O mentor ouviu-o atencioso:

– Diga-me, o que devo fazer? O que ocasionou tantos sofrimentos? Todos me abandonaram, por quê?

O amigo olhou-o firme e respondeu:

– Você tem-se esforçado muito para desenvolver a memória e a tem em grande escala. Raros a possuem assim.

Otávio sentiu-se bem e concordou:

– É verdade. Posso descrever todos os meus dias na carne em todos os detalhes.

– Acha isso um bem?

– Como assim?

– Acha útil recordar-se sempre de tudo?

– Bem. Ultimamente tenho sentido que as coisas tristes poderiam ser esquecidas. Mas não consigo.

– Tentou?

– Sim. Já. Mas não consigo.

– É que você automatizou tanto essa sua capacidade que agora não consegue controlá-la.

– Às vezes temo enlouquecer. Há ocasiões até que gostaria de esquecer – Otávio disse isso com certa dificuldade. – Mas, ao mesmo tempo, gosto de ter boa memória.

– Ter boa memória não é um mal. Mas você aplicou-se tanto em mecanizar sua memória que nem percebeu que nesse jogo agredia as pessoas, expunha-as, fazia-as recordar coisas e fatos que elas gostariam de esquecer, que lhes eram desagradáveis.

Otávio assustou-se:

– Eu fiz isso?

– Não se lembra?

E a memória prodigiosa de Otávio respondeu prontamente. Rememorou cenas, fatos, e pela primeira vez Otávio percebeu o quanto tinha sido desastrado, desagradável.

– Rememore tudo, Otávio, pense, e dentro de alguns dias volte a falar comigo.

Otávio afastou-se, cabisbaixo.

Depois de três dias ele compareceu à sala do orientador. Estava envergonhado. Arrependido. Finalmente, perguntou:

– E agora? Sinto tanta vergonha do que fiz e estou arrependido. Desejaria esquecer tudo. Infelizmente, não consigo.

– Claro. Tendo desenvolvido tanto sua memória, será difícil.

– Não importa. Prefiro qualquer coisa a este remorso. Quero esquecer.

– Se quer esquecer, só há um jeito eficaz.

– Qual é?

– A reencarnação. Volte para a Terra. O novo corpo é o esquecimento, e embora a luta na Terra seja sempre árdua, ela sempre nos libera, pelo menos durante a cota de tempo que estivermos lá, do peso das lembranças do passado. E lembre-se, Otávio, que a memória é abençoada fonte de aprendizagem, porém, nela devem ser colocadas apenas as coisas verdadeiras e eternas, cujo conhecimento, em vez de pesar ou entristecer, servirá como luz e como bússola a nos guiar. Vá, e que Deus o ajude.

E Otávio beijou as mãos do amigo e mentor, agradecido, e saiu dali disposto a esquecer e a recomeçar.

Marcos Vinícius

Arrependimento

Noventa e nove anos de lutas sem quartel, todos vividos na zona purgatorial da Terra, no umbral. As cenas às que assisti ainda não desapareceram de todo da minha mente.

O drama que vivi na Terra ainda vive dentro de mim, mostrando que ainda dói a mágoa, ainda sofro a desesperança, ainda choro a dor de um gesto impensado.

Tudo começou quando eu, na Terra, acreditei que era auto-suficiente. Pensei ter encontrado a verdade e pus-me a viver em função dela. Mas era ilusão. Como pude aceitar a fraude? Como pude colocar a vaidade, o orgulho acima de tudo, como?

Há mais de um século me pergunto isso e ainda não encontrei resposta. O poder é o ópio que adultera nossa visão, acende o orgulho, transtorna os sentimentos.

Político, eu, desde a juventude era homem de ação. Queria subir, mandar, movimentar, fazer. Dinâmico, inteligente, esforçado, honesto, consegui o que pretendia. Subi na vida. Tornei-me um líder. Entreguei-me à volúpia de mandar, de decidir, de dirigir os outros.

Tudo ia muito bem até o dia em que a conheci. Apaixonei-me. Ela, porém, que a princípio demonstrou aceitar-me, depois de certo tempo repeliu-me. Fiquei como louco. Amava aquela mulher. Não pensava em outra coisa. Tornou-se uma obsessão. Insisti, pedi, implorei, exigi. Tudo inútil. Ela não me amava, não se importava com meus lauréis, meu prestígio ou meu poder. Recusou-me.

Não aceitei. Como aquela mulher se atrevia? Como dava-se ao luxo de não me aceitar? Eu, a quem as mais belas e ricas mulheres disputavam?

Pobre de mim, tolo, vaidoso, iludido e fútil. Inconformado, passei a persegui-la ferozmente e a todos os membros da sua família. Queria obrigá-la a aceitar-me.

Menti, subornei, usei do poder, fiz tudo, ela não cedeu. Descobri o porquê. Amava outro homem. Um professorzinho pobre e apagado. Vendo-os juntos, revoltei-me. Então, ela me recusara por aquele imbecil?

Persegui-os de todas as formas. Eles mudaram-se de cidade, e eu, alucinado, os segui. Foi numa noite escura e fria que, vendo-os juntos, abraçados e felizes, não resisti. Puxei a arma e ali mesmo, na casa que tinham escolhido para seu ninho de amor, os matei.

Fugi em seguida, e o crime foi muito comentado. Eu, porém, tinha um álibi, e nunca ninguém descobriu. Entretanto, se eu tinha acalmado a paixão doentia e louca, não podia já acalmar o coração.

A cena do crime, a surpresa, a dor, o medo, o sangue, tudo parecia envolver-me no emaranhado da minha loucura. Para fugir a isso, dediquei-me mais ao trabalho, e consegui mais poder. Era temido, odiado pelos inimigos e amado pelos amigos. Assim, chegou o meu dia da verdade. Uma emboscada, uma bala certeira, e eu, num mar de sangue, acordei no outro lado da vida. Estava morto.

Como descrever o que sofri? Como contar o horror, o pesadelo? Os entes repulsivos que se acercavam de mim, fazendo-me sair em disparada, apavorado, para esconder-me deles?

Em meio a esses animais, tornei-me um deles. Com fome, sede, dor, náusea, palmilhei todos os caminhos da angústia.

Chorei, arrependi-me, porém nada podia sanar minha dor. Até que uma mão abençoada ajudou-me a sair do mar de lama em que me afundara. Alguém, que não teve repulsa da minha deformidade, ensinou-me com paciência a enxergar uma esperança.

Chorei muito. Foi num Centro Espírita, onde fui percebido e atendido com benevolência, que me abriram as portas do conhecimento. Colocaram-me nas mãos a chance de trabalhar, de melhorar, de aprender. Então, cansado e arrependido, consegui refazer-me com esforço na prece e com o amparo dos amigos. Foi aí que tomei consciência que tudo tinha acontecido havia 99 anos.

Agora, faz vinte anos que estou trabalhando. Hoje sei que foi a vaidade que me destruiu. Por isso recuso-me a mandar e aprendo a obedecer. Meus instrutores dizem que um dia voltarei a liderar. Que tenho esse desenvolvimento. Tremo ao pensar nisso. Se puder evitar, juro que o farei.

Já consegui o perdão dele, do homem que eu matei. Foi difícil, mas já consegui. Ela, porém, ainda me odeia. Não aceita o fato de eu tê-la separado do seu amado. Dentro em breve devo voltar à Terra. Desta vez, espero vencer. Quero passar despercebido, ser um homem simples, sem instrução, sem nada. Só não quero fracassar na prova. Ela não me perdoou, mas é só o que falta para eu conseguir. Está tudo programado. Irei na frente. Ela será minha filha. E, quando chegar a hora, seu amado, que terá reencarnado depois de mim, irá encontrá-la, e eu deverei uni-los pelo casamento. Espero conseguir, embora, às vezes, a antiga paixão ainda me martirize.

Mas dessa vez não posso falhar. Eles, por certo, não vão gostar de mim, mas se eu conseguir uni-los, terei vencido.

Tenho orado muito. Será que vocês podem ajudar-me? Lembrem-se de mim de vez em quando.

Aqui eu recebi tanto! Não tenho medo de sofrer, o que eu quero muito é não fracassar.

Deus nos ajude.

Otávio Arruda Sampaio

O Último Vernissage

A cidade inteira regurgitava. Pessoas iam e vinham, atentas a suas preocupações cotidianas e o dia era quente, em meio ao verão.

As cores vivas e alegres dos vestidos, o brilho dos adereços, a graça das mulheres, a displicência elegante dos homens, a alegria dos pregões no burburinho do comércio, tudo era vida, movimento, ação.

Em uma sala de um elegante edifício, um grupo de homens trabalhava ativamente para os arranjos dos elementos essenciais para montar uma exposição.

Barulho de martelo, vozes, azáfama, eletricista testando som, luz, etc., perdido em fios, alicates, *spots*.

Tudo tinha de estar pronto para a noite do vernissage do grande escultor. Jules Rimet tinha chegado à fama depois de muita luta. Órfão desde os catorze anos, ao contrário de muitos nas suas condições, soubera cuidar dos bens deixados pela família, vivendo modestamente, cultivando sua única e grande paixão: a Arte. Desenvolvera-se na pintura e na escultura e suas obras eram de grande beleza. Tinham força, mensagem, originalidade.

Aos poucos, seu nome fora ganhando fama e ele, que a princípio não se tinha mostrado arrojado em suas criações, fora encontrando seu próprio estilo, e despertando a admiração de todos.

Casara-se ainda jovem, apaixonado por uma mulher da sociedade que lhe inspirara muitos quadros, esculturas e até alguns poemas. Daniele era de uma beleza pálida e seu rosto assemelhava-se a uma figura de um medalhão antigo.

Se tinha aparência frágil e delicada, não era essa porém sua natureza. Era forte e determinada. Apaixonado, Jules a assediara com insistência.

Recusado a princípio, fora finalmente aceito e casaram-se na intimidade das famílias, apesar da posição social dela. Viveram bem, apesar dos altos e baixos da carreira de Jules e do temperamento de Daniele. Amaram-se, e tudo foi bem até o dia em que, entre desesperado e aflito, Jules recebera a carta anônima, dizendo-lhe que Daniele o traía.

A princípio ele duvidara, esforçara-se por convencer-se de que se tratava de sórdida calúnia. Mas um ciúme doentio, mórbido, começara a crescer dentro dele. Daniele, entretanto, continuava a mesma, e nada em sua atitude poderia induzir a pensar que ela pudesse amar outro homem.

Jules procurara superar o ciúme, a dúvida, a paixão que lhe brotava na alma, mais forte do que nunca.

Naquela noite seria sua grande exposição. Sua noite de glória. Precisava de calma e de bom senso para dar os últimos toques na mostra que seria apresentada ao público naquele vernissage, oferecido pelo governo para homenagear grande chefe político de outro país, que visitava a França. Ele, dentre todos os artistas, tinha sido escolhido para isso, indicado pelos críticos mais exigentes.

Era a grande chance de sua vida, o grande momento, a grande consagração, onde críticos e conhecedores de Arte do mundo inteiro estariam presentes.

À tarde, em meio à azáfama dos técnicos e decoradores, esteve no local orientando. Em mangas de camisa, indicava a maneira de serem colocadas, iluminadas, cada tela, cada estátua.

Aos poucos, a tarde foi morrendo, os ruídos de martelo cessando, e por fim, tudo ficou pronto. Acendeu as luzes. Quando viu o efeito final, ficou satisfeito; estava lindo!

Seus quadros tinham ganhado vida e luz, as esculturas, força e expressão: estava contente. Foi para casa. Mal tinha tempo de tomar um bom banho, relaxar um pouco e preparar-se para a exposição. Por isso, foi direto para seus aposentos, banhou-se e estendeu-se em um sofá para relaxar durante alguns minutos.

No silêncio da noite que se iniciava, Jules ouviu vozes e ficou intrigado. Quem seria?

Daniele por certo estaria muito ocupada em preparar-se para a noite. Ela era extremamente cuidadosa com sua aparência e gastava muito tempo para aprontar-se. Aquela era uma noite especial. Ela mandara preparar traje de gala. Ele nem sequer entrara em seus aposentos para não interrompê-la nesse momento.

Apurou os ouvidos. As vozes discutiam. Vinham dos aposentos dela. Curioso, colou o ouvido à porta. Conseguiu ouvir uma voz de homem dizendo:

– Ele não pode saber. Ainda é cedo.

Daniele replicou:

– Não suporto a idéia de continuar a enganá-lo. O melhor seria contar-lhe a verdade.

– Não – fez o homem. Estragaria tudo.

Ela disse:

– Está bem. Continuemos como até aqui. Quando chegar o momento, ele saberá.

Jules estava pálido. A voz era do seu melhor amigo, Charles. A lembrança da carta passou-lhe de relance pela memória atormentada. Na sua própria casa? Há quanto tempo estava sendo enganado? Há quanto tempo estava sendo traído?

O chão como que se abriu sob seus pés e ele quase caiu, atordoado. Sua mulher o traía com seu melhor amigo. Como não tinha percebido antes? O marido era sempre o último a saber.

Sentou-se no sofá, trêmulo e desesperado. Com certeza amavam-se, pensou, e não queriam contar-lhe a verdade. Daniele queria, porém Charles não concordava. Ela o amava! Ele, Jules, era o empecilho da sua felicidade!

Ficou ali, alucinado, desesperado, e foi surpreendido pela presença de Daniele, que já pronta o exortava a vestir-se.

– Como? Ainda estás assim? Estamos atrasados. Vamos!

Jules pareceu despertar de um sonho. Tinha tomado uma resolução. Não seria mais empecilho à felicidade de Daniele.

Aquele seria seu último vernissage. Iria, cumpriria até o fim seu papel, faria o máximo, e depois, acabaria com a vida, deixaria o caminho livre para os dois.

Com o coração apertado, aprontou-se rápido. E pensou: Já que será a minha última atuação pública, quero deixar a marca de minha passagem, para que se lembrem de mim. Tudo deve ser perfeito nesta noite.

Esmerou-se no traje e foi extremamente gentil com Daniele, que comentou:

– Estás hoje num dos teus melhores dias. E eu compreendo.

Tudo decorreu maravilhosamente e Jules foi brilhante. Finalmente, a consagração, ele era o centro de tudo. Até o homenageado cumprimentou-o, emocionado, e convidou-o a visitar seu país.

Jules tinha tudo planejado. Depois haveria o jantar no palácio do governo e eles eram convidados. Mas Jules havia decidido não ir. Queria morrer ali mesmo, em meio a suas obras.

Pensando e revivendo sua vida, quando todos já se tinham retirado, ele pediu a Charles para acompanhar Daniele e aguardá-lo lá fora. Estava decidido. Tudo seria resolvido com sua morte. Apanhou o revólver e encostou-o no coração. Apertou o gatilho. Um torpor o invadiu e ele caiu ali mesmo. Tinha planejado, em seu desespero, a cena da tragédia, o grande mistério que seria sua morte.

Não ouviu os gritos de Daniele e nem o desespero de Charles.

Ambulância, hospital, a bala perfurara o coração, estava morto.

No dia seguinte os jornais lamentavam o gesto incompreensível de Jules que enlutara a nação. Lamentava-se que Jules Rimet não tinha sequer recebido a medalha de ouro que seria entregue no jantar daquela noite, como melhor escultor da França.

Uma semana depois, em cerimônia simples, Daniele, de luto, foi convidada a receber esse prêmio. No carro, ao lado de Charles, solícito, dirigia-se ao palácio do governo para a homenagem.

Não viu que o vulto atormentado de Jules estava ali, olhando-os, olhos queimando de ciúmes. Ele não tinha conseguido acabar com a vida conforme desejara. Seus sofrimentos eram imensos. Desertara da vida, deixara o caminho livre, mas não podia vê-los juntos. Contudo, uma estranha força os unia a contragosto, e Jules não podia sair dali.

Acompanhou-os, e desesperado viu quando eles lhe fizeram a homenagem deplorando seu gesto inexplicado. A medalha de ouro foi recebida pelas mãos trêmulas de Daniele. Lágrimas rolavam pelos olhos de Jules, quando o presidente referiu-se a ele elogiosamente.

Daniele me amava, pensou comovido, vendo a emoção que ela sentia. Ainda atraído por eles, acompanhou-os no carro de volta a casa.

Temia vê-los juntos, queria ir-se embora, não suportaria uma cena amorosa entre eles. Mas, não conseguiu.

Porém, Charles acompanhou-a ao lar e, ao despedir-se, disse, comovido:

– Lamento essa loucura, Daniele. Pena que naquela noite não pudeste contar-lhe que estavas esperando um filho dele.

– Eu queria fazer-lhe uma surpresa depois do vernissage – disse ela em soluços. – Quem poderia esperar que ele fosse fazer o que fez?

Foi então que Jules compreendeu o logro em que tinha caído. Arrependeu-se, chorou, gritou, quis voltar, porém, era tarde.

A seu lado, porém, duas figuras sinistras e escuras riam, riam, sem parar. Tinham perseguido Jules toda a vida, mas só pelo ciúme conseguiram vingar-se.

Marcos Vinícius

A Parada

Toda a cidade se engalanava na data festiva. A praça regurgitava naquela manhã de abril e o sol brilhava no céu azul, despertando o entusiasmo nos corações ansiosos e alegres. No centro, o coreto, a banda exibindo sua farda de gala azul e vermelha preparava-se, afinando os instrumentos, e de vez em quando atacava um dobrado gostoso que fazia o povo sacudir a cabeça ao ritmo alegre, ou bater o pé no chão ao bulício de seu compasso.

Tudo estava em festa. Logo teria início a parada, o desfile com as escolas da cidade em primeiro lugar, depois a Polícia Militar e as autoridades.

Na avenida, o palanque onde as autoridades e os convidados especiais agrupavam-se, à espera.

Finalmente, sob os aplausos dos populares, o governador da cidade subiu à tribuna e, acenando para o povo, passou a cumprimentar os correligionários que o abraçavam solícitos. Findo isso, a uma ordem especial, começou o desfile.

Com alegria os estudantes, com garbo os militares, com entusiasmo, no fim, a banda, inundando o ar com hinos marciais.

Quando tudo acabou, o governador falou ao povo sobre a data histórica e sobre seus planos de governo no atendimento dos anseios da população que pretendia realizar.

Foi quando uma voz que ninguém conseguiu identificar ecoou no meio do povo:

– Fora os aproveitadores! Fora os enganadores do povo!

Houve um clamor geral, no outro lado outra voz gritou:

– Estamos fartos de promessas! Vamos tomar o que é nosso. Somos o povo e tudo é nosso!

Antes que a maioria percebesse o que se passava, de lugares diferentes, mais duas ou três vozes se levantaram enquanto se estabeleceu a confusão generalizada.

Ninguém mais sabia o que se passava, e o clamor foi tal que o governador, insistindo em falar, não o conseguiu, porque o microfone não funcionava. Quem tinha pisado no fio? Em poucos instantes havia discussões, e os mais afoitos trocavam insultos e sopapos.

A confusão era grande. Daí, alguém sugeriu o quebra-quebra. Contra quem estavam lutando?

Nem sabiam. Só que era preciso se defender e atacar.

Corre-corre, gritaria. Esforço para abrigar mulheres e crianças, o comércio fechou suas portas.

A polícia agiu protegendo as autoridades e dispersando os manifestantes.

Numa pequena sala de modesta pensão da cidade, um grupo de homens estava reunido. Eram apenas cinco, mas estavam radiantes. Riam e comentavam os acontecimentos. Tinham conseguido sucesso.

No dia seguinte, comprariam os jornais da cidade e iriam embora. Sua missão ali tinha sido cumprida. Transformaram simples parada festiva da cidade em manifestação política contra o governo.

Dali, iriam para outra pequena cidade, continuar a desenvolver seu trabalho.

No dia seguinte, os jornais comentavam na primeira página as manifestações da véspera, sem compreender por que tinham ocorrido, porquanto o governador da cidade, homem respeitado pela maioria, gozava do apoio da população.

Contudo, depois disso, houve quem começasse a questionar e a desconfiar de suas intenções. À toa é que o povo não ia protestar, assim cara a cara.

E os cinco homens, jornal debaixo do braço, como um troféu conquistado, prepararam-se para viajar.

E ninguém soube que apenas aqueles cinco, que sequer eram da cidade, sequer conheciam seus problemas, num planejamento inteligente, tinham conseguido naquela calma manhã de feriado, numa linda cidade do interior, em meio a um povo alegre e tranqüilo, subverter a ordem, e fazer a situação mudar.

Marcos Vinícius

Inauguração

Estava tudo preparado. A festa, os convites enviados, o bufê contratado, os músicos, tudo.

Aquela tarde precisava ser a mais bela e importante de todas. Depois de tantas lutas e sacrifícios, estudos e problemas, finalmente a obra pronta, concreta, organizada; só faltava a inauguração.

Claro que as autoridades e os políticos eminentes haviam sido convidados; eles tinham sempre apoiado a idéia e concorrido para que tudo pudesse finalmente acontecer, culminando naquela solenidade.

Finalmente o orfanato fora concluído, e então já se preparava para receber e abrigar os filhos sem pai, e sustentá-los na vida da Terra, educando-os com amor e procurando prepará-los para viver no mundo como pessoas úteis e habilitadas.

Durante anos, o grupo Espírita se dedicara ao trabalho assistencial e o quadro doloroso das crianças sofridas, dos menores envolvidos nas duras provações da miséria e da desnutrição, fizera daquele objetivo o sonho mais caro do coração de cada um deles.

Construir um lar para os pequenos significava oferecer-lhes o necessário, boa alimentação, abrigo, roupas, educação e protegê-los das agruras da vida.

Durante anos o grupo convivera com essas famílias e a contragosto registrava, em muitos daqueles lares, o descaso, a displicência, o egoísmo, a ignorância e até a crueldade, ocasionando sofrimento a essas pobres criaturinhas, toda classe de privações, inclusive maus-tratos, abandono, sevícias. Estavam à mercê de pais desequilibrados, de mães indiferentes, e sem condições de se defenderem.

Com o correr do tempo, os participantes do grupo perceberam que por mais que tentassem ajudar essas famílias, quase nada conseguiram, apesar da boa vontade e do esforço da Obra, da ajuda espiritual sempre pródiga em envolver os necessitados.

Fora então que o grupo decidira fazer alguma coisa para mudar a situação. Já que não conseguiam melhorar os pais, tornando-os mais responsáveis e motivados a lutar pelo bem-estar dos filhos, eles assumiriam essas crianças.

Era uma causa abnegada. Construiriam uma grande casa, onde as abrigariam e as educariam, proporcionando-lhes meios de desenvolver sua educação e sua espiritualização.

Entusiasmados, pediram apoio dos espíritos, que os aconselharam a esperar. Porém, esperar o quê? Não tinham já bastante experiência? Não estavam preparados, dispostos a lutar?

Daquele dia em diante, puseram mãos à obra e rapidamente as adesões e os auxílios choveram. Dentro de pouco tempo a casa ficara pronta. Então, a inauguração.

Certamente tudo sairia bem e eles conseguiriam realizar o trabalho. Tinham solicitado ajuda dos espíritos mentores da casa para conduzi-los ao êxito. Confiavam que tudo daria certo.

No dia aprazado, o diretor do grupo amanheceu indisposto. Funda tristeza o acometeu. Ele tentou lutar, manter o otimismo, mas nada. Sentia-se arrasado sem compreender a razão.

Recolheu-se ao leito em oração, tentando vencer a dificuldade, porém caiu em pesado sono. A família, vendo-o no leito, chamou-o reiteradas vezes, sem obter êxito. Assustados, chamaram os companheiros que, em prece, ao redor, procuravam fazê-lo voltar.

Ninguém compreendia o que estava acontecendo, e já havia os mais impetuosos que queriam buscar o médico. A maioria, porém, confiava.

Mas as horas passavam sem que o nosso amigo acordasse. Jerônimo era o líder. Sem ele recusavam-se a proceder à inauguração.

O tempo passava e a hora se aproximava. Até que resolveram adiar a solenidade. Sem Jerônimo, nada podia ser feito. Assim, alguns foram avisar as autoridades, o povo e suspender a inauguração até que Jerônimo melhorasse. Ele, porém, não dava sinal de vida.

Era já noite, e os amigos em prece junto à família chorosa, oravam em torno do seu leito quando ele, de repente, mexeu as mãos e suspirou profundamente.

Os olhos assustados de todos acompanhavam-lhe os movimentos. Até que ele abriu os olhos e sentou-se no leito, aparentando dificuldade em compreender o que se passava. Aos poucos foi melhorando e depois conseguiu, enfim, dizer:

– Ainda estamos aqui! Em que ano estamos?

Alguém, assustado, admitiu:

– Em 1983.

– Puxa! É extraordinário!

– O quê? – indagou a esposa aflita.

– Eu estava no ano 2000. Vivi lá alguns momentos. Quer dizer que a nossa casa ainda não foi inaugurada.

– Deveria ter sido hoje, mas como você adoeceu, nós adiamos. Como você agora está bem, pode marcar nova data.

Jerônimo olhou o rosto ansioso dos amigos. Havia em seu olhar uma certeza nova. E disse com suavidade:

– Ela não será mais inaugurada.

– Como assim?

– Nosso projeto é contrário à vontade de Deus, e por isso precisa ser revisto.

Funda surpresa estampou-se nos olhos de todos. Jerônimo esclareceu:

– Viajei ao futuro. Vi o que ocasionaria uma casa como essa, neste momento.

– E as crianças?

– Foram colocadas pela vida no local onde precisam para desenvolver seus espíritos. Foi Deus quem as juntou a seus pais e todos eles entre si encontram-se presos a laços do passado que não nos será lícito romper. É através dessa vivência que eles aprenderão a se amar e apagar lutas passadas.

Decepcionado, um companheiro perguntou:

– E a nossa obra?

– Continuará. Não sob premissas falsas, nem ilusões que nos colocariam contra as diretrizes divinas, mas sob essa luz havemos de continuar a ajudá-los sem desvincular seus elementos, procurando fazer o possível para motivá-los a novas percepções e a compreender suas responsabilidades. Todavia, não devemos nos esquecer que a maior terapia de ajuda é a vida quem dá, e que ela, movimentando as criaturas e colocando-as em lutas, ensina a cada um o que precisa aprender e o remédio justo a cada caso.

– Quer dizer que nós nada poderemos fazer? – indagou um dos companheiros.

– A nós sempre será dada a possibilidade de compreender e ajudar. Porém, a avaliação da justiça é de Deus. Hoje, vi o que seria nossa obra daqui a vinte anos, e os resultados não foram os que esperávamos.

– E a inauguração, e a casa?

– Faremos tudo isso, porém a casa não será só de órfãos nem os segregará da família. Será uma escola para filhos e para pais, e lutaremos pelos reais valores da vida e do progresso. – Jerônimo suspirou e concluiu: – Agradeçamos a bênção do esclarecimento. Sem o que aconteceu hoje, levaríamos mais vinte anos para aprender esta lição, e teríamos por certo angariado responsabilidades com as famílias que iríamos desvincular; e talvez levássemos mais de cem anos para refazê-las e reagrupá-las.

Cabisbaixos e serenos, todos acompanharam a prece de Jerônimo e resolveram voltar ao trabalho antigo e continuar.

Marcos Vinícius

O Encontro

Marcos olhou sério para o relógio sem saber se devia esperar mais ou afastar-se. Aos poucos, um receio brotava no seu coração e sentiu-se profundamente inquieto.

Tudo estava pronto. Tinha preparado aquele encontro com todo carinho. Esforçara-se para que tudo saísse bem. Sequer tinha pensado na hipótese de ela arrepender-se, de não aparecer.

Olhou novamente o relógio e circunvagou os olhos ao redor, perscrutando os quatro cantos da rua. Seus dedos impacientes tamborilavam na mesa da lanchonete de onde, através da janela envidraçada, podia enxergar a rua. Nada. Elizabete não aparecia. Estaria tudo perdido? Todo seu esforço teria sido em vão?

Meia hora já tinha se passado do horário combinado, e ela sempre tinha sido pontual. Num misto de receio e esperança, de angústia e paixão, de impaciência e melancolia, recordou-se de como a conhecera.

Fazia plantão no pronto-socorro do hospital quando a ambulância trouxera um homem acidentado, gravemente ferido, em estado de pré-coma. Correrias, providências, radiografias, suturas, plasma, soro, enfim, todas as tentativas no esforço de salvar-lhe a vida.

Ele era homem moço, casado, pai de dois filhos. Seu automóvel tinha ficado inutilizado. Foi nesse clima que Marcos vira os grandes olhos verdes de Elizabete pela primeira vez. Ele não era um jovem inexperiente. Solteiro, 36 anos, dez de Medicina, Marcos estava habituado a conhecer pessoas, e muitas mulheres bonitas tinham passado pela sua vida.

Mas os olhos lacrimosos de Elizabete fizeram-no sentir um abalo diferente. Sua presença era tão absorvente que quando ela entrava no hospital, Marcos sentia-lhe a figura, ficava tão consciente dela que todos os seus pensamentos giravam em função disso, e ele circulava ao seu redor como a borboleta em volta da luz.

Ela parecia indiferente a tudo. Preocupava-se com o marido e dedicava-se amorosamente aos filhos. Sequer tinha notado o interesse de Marcos. Ele, no entanto, ao entrar em contato com os parentes da família, descobrira que o casal não vivia bem. José, o marido acidentado, não levava a sério suas responsabilidades e não poucas vezes passava a noite fora, embriagando-se ou saindo com outras mulheres.

Elizabete, no entanto, parecia de ferro. Sabia das loucuras do marido, e apesar de tentar dissuadi-lo, não pensava em deixar o lar.

Havia os filhos, e ela reconhecia neles uma tarefa duplicada. Enquanto o pai se omitia, ela queria fazer também a parte dele.

Era muito estimada pela família de José, e eles costumavam dizer que ele não merecia a mulher que tinha. Esses detalhes, em vez de fazerem Marcos desinteressar-se, tiveram o condão de despertar-lhe mais o sentimento. Mulher como ela, era difícil existir. Descobrira que a amava e pensava até, pela primeira vez na vida, em casar-se com ela.

Apesar do estado grave, José lentamente fora melhorando, e finalmente fora considerado fora de perigo. Elizabete segurara a mão de Marcos no agradecimento comovido e havia lágrimas nos seus olhos. Ele não se conteve:

– Você o ama muito!

– É meu marido, doutor – dissera ela, séria. – É uma vida que foi salva e o sr. lutou muito. Em nome da família, agradeço.

– Fiz meu dever – dissera ele, um pouco enciumado.

– Foi além disso, doutor. Suas mãos sãos abençoadas.

E num gesto espontâneo, levou-as aos lábios, beijando-as levemente.

Marcos estremecera.

– Quando você me olha com esses olhos, faço qualquer coisa – dissera-lhe, sem poder conter-se.

Ela retirara a mão rapidamente.

– Desculpe, doutor. Não me interpretou bem. Estou agradecida. Só isso.

– Falei sem pensar. Deixei fluir a emoção.

– Quando ele poderá voltar para casa?

Ele olhou-a com tristeza:

– Dentro de dois dias. Terá de ficar em repouso mais algum tempo por causa da luxação da coluna. Irei vê-lo em casa e, dentro de trinta dias, se tudo correr bem, tiraremos o gesso da perna.

– Muito bem, doutor.

O coração de Marcos batia forte quando ela se fora e aspirara gostosamente seu perfume que ficara no ar.

Ele precisava esquecer. Isso nunca lhe tinha acontecido. Que diabo, afinal era apenas uma mulher. Por que tinha tanta força sobre ele? Haveria de tirá-la da cabeça.

Nos dias que se seguiram, mergulhara no trabalho procurando não pensar. Contudo, as enfermeiras comentavam com ele sobre a "pobre senhora Elizabete", cujo marido era grosseiro e malvado. Pobre senhora, tão boa que se escondia para chorar.

Marcos revoltava-se. José desconhecia a jóia que tinha nas mãos. Na véspera da saída de José, Marcos deu plantão no hospital. Era tarde da noite e ele se recostara para descansar um pouco quando alguém batera a sua porta. Rápido abrira-a e deparara-se com Elizabete. Estava triste, chorosa.

– O que aconteceu? – indagara ele, preocupado. – José não está bem?

– Bem demais, doutor. Tão bem que brigou comigo e tratou-me mal. Desculpe, mas não suporto mais. Ajude-me, por favor.

Comovido, fizera-a entrar e carinhosamente a abraçara:

– Não fique assim. Seus nervos estão tensos. É natural, todos estes dias de tensão... Relaxe, vamos, vou dar-lhe um calmante.

Ela agarrara-se a ele, aflita:

– Não, por favor. Eu não quero dormir. Desculpe, eu não devia ter vindo... Sinto muito.

Marcos sentia seu perfume delicioso e sua proximidade deixava-o meio tonto de emoção.

– Ele disse que eu sou feia... – lamentara-se ela.

– Mentira! – balbuciara ele com veemência. – Seus olhos são como luzes.

– Que eu sou inútil e grossa.

– Que velhaco! Você possui classe invejável.

– Que sequer sirvo para o amor...

Marcos tinha o peito em chamas. Um calor imenso o envolvera. Enlaçara-a pela cintura e beijara-lhe os lábios com ardor. A sensação fora tão forte que ele instintivamente passara a chave na porta. Abraçando-a de novo, dissera com voz apaixonada:

– Ele mente ou é um louco imbecil. Você é a mulher mais atraente que jamais conheci.

Ela olhara-o com seus olhos verdes brilhando de emoção:

– Você acha?

Marcos beijara-a de novo e juntos esqueceram tudo o mais.

Uma hora depois ela parecera despertar daquele enlevo, dizendo horrorizada:

– Meu Deus! O que fiz? Que horror! Como olhar meus filhos depois disso?

A custo Marcos explicara-lhe que ninguém tinha planejado nada. A força das coisas, a atração que sentiam um pelo outro.

– Confesso agora – disse ela com voz triste – que meu coração bateu mais forte quando o vi. Mas eu não podia ter caído. Nunca me aconteceu! Se ao menos José não me tivesse insultado!

Ela retirara-se procurando compor a fisionomia e dizendo que aquilo não mais aconteceria. A partir daquela noite Marcos não pudera pensar noutra coisa. Não conseguia trabalhar direito; era como uma sede que não se aplacara.

Relutante a princípio, ela depois concordara em ir ao seu apartamento, e aos poucos passou a comparecer lá uma vez por semana. Marcos, porém, cada dia mais apaixonado, só pensava em unir-se a ela definitivamente. Queria-a como esposa. Afinal, seu marido era um desclassificado, um mau pai, um alcoólatra. Ele estava disposto inclusive a aceitar-lhe os filhos como se fossem seus.

E começara a insistir com ela para que tratasse da separação legal. Ela reagia, dizia-se sem coragem, até que ele lhe dera um ultimato. Se ela era tímida, ele a forçaria a decidir.

– Amanhã você sai de casa. Tenho tudo preparado. Um apartamento onde você vai com seus filhos, e depois cuidaremos do desquite.

Ela relutara. Ele insistira:

– É definitivo. Ele ou eu! Amanhã às 18 horas. Estarei esperando no lugar que você sabe. Você sai de casa alegando maus-tratos e amanhã o advogado vai com você dar entrada nos papéis. Quando tudo estiver resolvido, nos casaremos.

Marcos olhou o relógio. Eram 19 horas. Nada. Ali ficou ele, até as 21 horas, mas Elizabete não apareceu. Ela não teve coragem, pensou ele, triste.

Pagou a conta e saiu arrasado. Mil pensamentos dolorosos passaram-lhe pela cabeça. Por que José tinha sido salvo? Não que ele se arrependesse de ter cumprido seu dever, porém, por que a vida o tinha poupado da morte? Tudo se resolveria se ele tivesse morrido.

Ele estava magoado. Elizabete não tinha tido coragem. José tinha posses, era rico. Ela temia que o marido lhe tirasse os filhos. Fora isso, por certo! Apesar do que tinha dito, ele tentou procurá-la nos dias que se seguiram, mas ela recusou-se a atendê-lo. Quase enlouqueceu! Perder aquela mulher, aquele tesouro, ele não se conformaria.

Mas teve de aceitar a derrota. Sofreu, emagreceu, chorou, teve insônias, pesadelos, mas um dia, quando acordou, a tempestade tinha passado. Assim como viera, a paixão desaparecera e Marcos, apesar de alguns cabelos brancos a mais, voltou a viver.

Um dia, encontrou uma bela mulher, e aos quarenta anos, finalmente casou-se, e cinco anos depois era o feliz pai de três filhos. Trabalhou muito, progrediu na vida, tudo ia muito bem.

Uma tarde, estava almoçando em um restaurante quando alguém aproximou-se de sua mesa:

– Doutor Marcos. Que prazer!

Marcos olhou aquele rosto e seu coração deu um salto. Era José.

– Como vai? – disse ele, sério.

– Muito bem. Também vou almoçar. Se me permite, gostaria de conversar consigo.

Um pouco contrariado, Marcos respondeu:

– Claro. Sente-se.

Calado, não sabia o que dizer. Sua presença trazia de volta a lembrança de Elizabete e daquela fase de sua vida que ele não gostava de recordar. José sentou-se.

– Tinha vontade de vê-lo, doutor. O senhor salvou-me a vida. É meu amigo. Tenho sofrido muito. Várias vezes pensei em procurá-lo, mas não tive coragem. Tinha vergonha.

– O que aconteceu? – perguntou Marcos, curioso.

– É sobre minha mulher. Acaba de ser internada em um sanatório.

– D. Elizabete? – perguntou Marcos, assustado.

– Sim. Vou contar-lhe tudo. Sempre encobri da família, mas o sr. é médico, precisa saber. Ela deu-me trabalho desde que nos casamos. Maltratava-me muito, mas depois chorava para os parentes e contava-lhes mentiras. Eu era o perverso, o irresponsável, o bêbado, o mulherengo. Confesso que algumas vezes eu bebia um pouco, mas é que isso me acalmava os nervos. Todos passaram a olhar-me como a um canalha e a ela como pobre infeliz. A verdade é que, com ares de ingênua, sofredora, ela conquistava os homens. Desculpe-me, doutor, nunca contei a ninguém, mas ela tinha aventuras fora do lar e os homens enlouqueciam por causa dela.

Marcos abriu a boca sem saber o que dizer. A surpresa o emudeceu. José falava com sinceridade. Quando ele pôde falar, o fez com voz que procurou tornar natural:

– E você nunca a abandonou apesar disso?

José baixou a cabeça com tristeza:

– Logo percebi que ela era uma doente. O sr. talvez não acredite nessas coisas, mas eu sou espírita. Acredito na reencarnação. Sei que ela é um espírito doente, e se me foi dada como esposa é porque eu, em vidas passadas, contribuí e influenciei para que ela fosse como é. Apesar de tudo, desejo ajudá-la.

Marcos olhou aquele homem com profundo respeito. Inquiriu com delicadeza:

– Por que a internaram?

– Teve uma crise, quebrou tudo, quis agredir os meninos. Tivemos de interná-la. Quero pedir-lhe ajuda, o sr. salvou-me a vida, nunca esqueci.

Marcos olhou-o, sério.

– Não é minha especialidade. Como médico, sequer fui capaz de perceber que ela era doente. Você está mais capacitado do que eu para curá-la.

– Não vou desistir, doutor. Ela foi minha filha em vida passada, a quem eu abandonei quando nasceu para seguir uma aventureira. Ela se desequilibrou, e hoje não vou abandoná-la. Hei de lutar até o fim.

– Acha que vai conseguir?

– Vou. Não sei quando. Mas vou. Tenho todo o tempo. A vida é eterna. Se esta existência não for suficiente, continuarei em outras. O importante é não desistir. Somos eternos, doutor.

Marcos olhou-o com admiração. Disse-lhe, sincero:

– Você disse que é espírita. Gostaria de conhecer o assunto. Nada sei sobre isso.

– Por certo, doutor. Vou mandar-lhe alguns livros.

Conversaram durante algum tempo, e quando Marcos saiu dali, seu coração cantava de alegria.

Amava sua mulher, seus filhos, sua vida, e agradecia a Deus por Elizabete não ter comparecido àquela tarde.

Contudo, naquela noite, Marcos não podia dormir e só conseguia pensar, pensar, pensar.

Marcos Vinícius

O Resgate

O táxi freou rápido em meio ao bulício da avenida. José desceu depressa e, com mão trêmula, procurou no bolso o montante da corrida. Com gesto vago, ignorou o troco e saiu. Seus pensamentos estavam agitados e ele caminhou procurando escapar aos encontrões das pessoas que caminhavam apressadas.

Estava desatinado. Durante anos tinha feito aquele trajeto calmamente, rumo ao escritório onde trabalhava. Naquele dia porém, tudo era diferente. Tinha sido suspenso do emprego sob a vergonhosa suspeita de desfalque, e enquanto se fazia a perícia nos livros sob as vistas policiais, ele não podia dizer nada.

Estava agoniado. Magoado. Mais de dez anos de trabalho sério e dedicado não o pouparam àquela situação vexatória. Sempre pautara sua vida pela honestidade. Tinha a certeza de que a auditoria não encontraria nada que pudesse incriminá-lo. Tinha as mãos limpas e a consciência tranqüila. Porém, como explicar a falta do dinheiro? Como? Se tudo passava pelas suas mãos e pelo seu controle, como poderia ter ocorrido esse desfalque?

Passou a mão pela testa cuja preocupação enrugava. Doía-lhe a cabeça e estava tenso. Tinham-no chamado. Teriam por fim chegado a uma conclusão?

José ardia por saber. Afinal, era seu nome, sua reputação, seu emprego que estava em jogo. E, mais do que tudo isso, seus princípios de honestidade e dignidade.

Ao chegar ao escritório, encontrou a diretoria reunida e os peritos da auditoria. Todos estavam sérios e circunspectos. José entrou pálido, porém de cabeça erguida.

– Dr. Ernesto – o diretor, com voz grave foi logo dizendo: – Mandamos chamá-lo para que nos explique estes saques que fez.

José, mãos trêmulas, olhou para os papéis que lhe estavam sendo apresentados. Seu rosto coloriu-se de vivo rubor.

– O que significa isto? – disse com voz alterada. – Jamais vi estes papéis.

Dr. Ernesto olhou-o com desconfiança.

– Quer negar que os tenha assinado?

– Claro. Jamais autorizei essas despesas.

– Estão assinados pelo senhor – retrucou ele com frieza que encobria a cólera. – Veja a sua assinatura.

José abriu a boca admirado. Tomou os papéis e folheou-os nervosamente. Era verdade. Sua assinatura estava em todos eles.

– São falsas – disse com energia. – Alguém as falsificou. Jamais retirei essas verbas e exijo que verifiquem minhas contas particulares, minha vida, meus haveres. Trata-se de enorme quantia, e se eu a tivesse desviado, estaria em algum lugar.

Um silêncio constrangedor fez-se na sala. Um dos diretores aproximou-se dele, conciliador:

– José, você tem sido funcionário nosso de tantos anos. Confesse tudo, conte-nos como foi, onde está o dinheiro, e nós por certo levaremos isso em consideração, atenuando sua pena.

José tinha lágrimas nos olhos quando disse:

– Estão cometendo terrível injustiça. Jamais assinei esses papéis. Alguém abusou da minha confiança, falsificou as assinaturas. Eu juro pelos meus filhos que não fiz isso.

De nada lhe valeu pretextar inocência. Irritados e magoados com sua atitude, que consideravam agravante, entregaram-no à polícia, e o processo foi instaurado.

José não pôde provar sua inocência. Era sua palavra contra as provas do processo, onde os laudos técnicos reconheceram as assinaturas como sendo suas. Foi submetido a todas as pressões e interrogatórios para que contasse onde escondera o dinheiro. Mas, como confessar? Ele era inocente.

Condenado a pena de oito anos, humilhado, envergonhado diante da família, dos filhos e dos amigos, José transformou-se em um revoltado.

Pensou em suicídio, e após a primeira tentativa frustrada, era vigiado mais de perto pelos carcereiros, que não lhe deixavam nada ao alcance das mãos que pudesse ser perigoso.

Vivia desesperado e deprimido.

Foi nesse estado de espírito que certa tarde recebeu a visita de um desconhecido. Ele estava particularmente triste naquele dia. Quando o homem chegou e do lado de fora disse-lhe que o fora visitar, José olhou-o sério.

– Não o conheço – respondeu. – Quem é e o que deseja?

– Apenas conversar. Tenho vindo aqui algumas vezes e visto sua tristeza. Gostaria de ser seu amigo.

– Não tenho amigos – disse José com amargura. – Todos me traíram. Estou só!

– Ninguém está só. Eu estou aqui e desejo fazer-lhe companhia.

– Quando souber meu caso também se afastará. Sou inocente e fizeram comigo tremendo engano. Porém, você também não me acreditará.

O homem olhou-o durante alguns momentos.

– Claro que acredito. Você sequer me conhece. Por que mentiria? Conte-me o que lhe fizeram.

Um brilho novo refletiu-se no olhar de José, e sem poder conter-se, relatou ao desconhecido todo seu caso, sua revolta, seu sofrimento.

– Ninguém acreditou em mim. Minha mulher diz que acredita, mas percebo desconfiança em seu olhar. O que fazer? A quem recorrer?

– A Deus. Não lhe ocorreu isso?

– Deus?! Se ele permitiu que fizessem isso comigo, por certo não vai ajudar-me.

178

– Meu nome é Antônio, gostaria de conversar mais vezes com você. De ser seu amigo. É muito duro sofrer o que vem sofrendo.

– Acredita em mim?

– Acredito. Gostaria que me aceitasse como seu amigo. Vou lutar para ajudá-lo.

José aproximou-se da grade e segurou a mão de Antônio. Parecia-lhe que no meio da sua escuridão brilhava uma luz.

– É advogado? Influente, político?

– Não. Sou apenas espírita. Acredito na Justiça divina, na oração, na ajuda dos mensageiros de Jesus.

– Ah! – fez José, com certo desânimo.

Antônio prosseguiu:

– Nunca lhe ocorreu que se está preso é porque a vida lhe está cobrando uma dívida?

– Mas eu sou inocente.

– Agora. Mas lembra-se apenas desta vida, quando nós já vivemos antes em outras encarnações. A vida sempre reage a nossas ações. Você é inocente agora, mas não cai uma folha da árvore sem a permissão do Pai. Se está preso, por certo houve uma justa razão para isso. Se não foi agora, veio de sua ação noutros tempos.

– Acha mesmo? Como posso responder por um tempo do qual não me lembro?

– Agora você pode aproveitar mais as lições desta situação. Se quer sair dela, aceite o que lhe aconteceu como justiça de Deus, ore, procure aprender as leis eternas da vida e um dia, quando for oportuno, Deus esclarecerá a verdade e o libertará.

– Acha mesmo?

– Sim.

A partir desse dia Antônio visitava José todas as semanas, emprestando-lhe livros espíritas, conversando com ele. José tornou-se outro, calmo, sereno, digno e amadurecido.

Quase um ano depois, o genro do dr. Ernesto foi preso por ter habilmente falsificado a assinatura do sogro em alguns documentos para sustentar seu apego às drogas. Foi o próprio dr. Ernesto quem procurou José na prisão e, entre lágrimas, lhe revelou a verdade. O genro confessara a falsificação das assinaturas. Ele, arrependido, envergonhado, imediatamente colocou um advogado para libertar o antigo empregado.

— Vim pedir-lhe perdão – disse de olhos baixos. – Jamais poderei apagar o mal que lhe fiz.

José olhou-o calmo.

— Não se mortifique. Aprendi muito durante esse tempo.

— Não me condena, nem ao Francisco?

— Não. Sei que a vida sempre responde aos nossos atos de acordo com o que damos. Afinal, quem sou eu para julgar?

A atitude humilde de José comoveu a todos, e foi abraçado, respeitado, querido e dignificado que ele regressou ao lar.

Marcos Vinícius

Reconciliação

O sino da matriz bateu sete horas. O cheiro gostoso da sopa que fervia no fogão fazia Maria sentir água na boca.

A noite estava fria e por isso uma sopa bem quente faria a delícia de todos. Chamou os filhos Marta, João e Alberto, que brincavam alegres, e convidou-os à mesa simples, porém agradável.

Após verificar se as mãos estavam lavadas, Maria lhes recomendou:

– Sentem-se. Vou servir.

Em alguns momentos já a terrina fumegante estava colocada no centro da mesa singela e Maria servia-os, um a um.

– Vamos a nossa prece – propôs a mãe, serena. – Hoje é dia da Marta.

A pequena não se fez de rogada. Juntou as mãos, fechou os olhos e pediu:

– Senhor, abençoai nossa casa, nossa comida, nossa mãe, nós todos – e após ligeira hesitação, – e abençoe nosso pai.

A mãe olhou-a com aprovação. Assim, começaram a comer. Vendo-os unidos ao redor da mesa, Maria não pôde furtar-se a uma dolorosa lembrança. Havia três anos que o marido os abandonara, resolvendo viver sua vida sozinho na cidade grande.

As más línguas diziam que era coisa de mulher. Que Mário tinha uma dona na cidade e que, apaixonado, tinha abandonado a família.

Maria, que amava muito o marido, sofrera rude golpe: o companheiro a quem dera todos os seus sonhos de moça e os três filhos lindos e saudáveis resolvera deixá-los, seduzido por outros sentimentos. Que ingratidão! Mas o que podia ela fazer?

Chorara. Chorara muito, porém jamais permitira que os filhos guardassem ressentimento do pai. Doía-lhe perceber que eles sofriam, saudosos. Era-lhe difícil sustentar a casa pobre, estragando os olhos na costura o tempo todo, porém não podia permitir que os filhos guardassem do pai o fel da desilusão.

Dizia-lhes que ele tivera necessidade de ir, e que ele era o melhor e o mais carinhoso pai do mundo.

Naquela noite, ao redor da mesa pobre, lembrou-se dele. Onde quer que estivesse, por certo não estaria mais rico do que ela, nem mais feliz. Que tesouro poderia substituir ou superar os que possuía? Que alegrias poderiam ser mais nobres ou duradouras do que as suas?

– Mãe – disse Alberto, – hoje na escola a professora ensinou a fazer um presente para o papai. Domingo é o dia do papai.

– Você fez? – indagou Marta.

– Eu fiz. Não faz mal que o papai não está. Eu vou guardar para ele. Quando ele voltar eu entrego.

– Pois eu não fiz – disse João com raiva. – Se ele não vem para casa, não merece presente.

– Não diga isso – fez Marta. – Ele não vem porque não pode.

– Ou não quer... – respondeu o menino.

Maria surpreendeu-se.

– Ele quer, sim – disse a menina. – Não é verdade, mamãe?

– É, minha filha. Seu pai é um bom pai. Só não está aqui porque não pode.

– Por quê? – indagou a menina.

– Porque está doente. Essa doença não deixa que ele perceba algumas coisas. Um dia ele vai descobrir e voltará.

– Mamãe – fez a menina, – vamos orar por ele?

– Certamente.

– Deve ser muito triste estar sozinho e não poder voltar – tornou ela, pensativa.

Acabaram a refeição, e enquanto os meninos iam fazer seus deveres escolares, Maria cuidava da arrumação.

Foi quando a campainha soou e Maria, pressurosa, foi abrir. Estacou assustada. Mário estava diante dela. Estava emocionado, magro e abatido.

Olhou-a sem encontrar palavras para dizer.

– Você! Entre, está frio – o coração batia descompassado.

Mário entrou, olhando a pequena casa com emoção!

– Maria! Que saudade!

Ela, esquecida de tudo, das lutas, da miséria, da saudade, abriu-lhe os braços e apertou-o de encontro ao peito.

– Perdão – balbuciou ele enquanto a apertava com força. – Eu errei, e paguei caro pelo meu erro. Você pode me perdoar? Posso ficar?

Como resposta, Maria chamou as crianças, que assustadas, os olhavam sem saber o que dizer, e disse-lhes:

– Não disse que ele voltaria? Assim que lhe foi possível, veio para ficar.

E, enquanto os três se penduravam no pai rindo felizes e este lutava para impedir as lágrimas de rolar, Maria dirigiu-se ao fogão e colocou a sopa para esquentar.

Dali por diante, sua casa tinha de novo o pai para os amparar e amar. Contente, olhou para o pano sobre o fogão onde estavam bordadas as palavras "O mundo não vale o meu lar" e sorriu. Seu lar voltara a se completar.

Marcos Vinícius

A Fraude

O tempo corria célere e Mário de Rezende não encontrava solução. Já havia tentado todos os recursos para cobrir o montante da dívida, mas era inútil. Voltava sempre à estaca zero.

Nervoso, passou a mão pelos cabelos castanhos e sedosos que lhe emolduravam o rosto. Qual a melhor solução? Como enfrentar a falência, o descrédito, a vergonha?

Todas as suas esperanças caíam por terra. Todo seu trabalho de tantos anos perdido. Suspirou fundo. O que poderia fazer?

A prudência sugeria apenas um caminho: a concordata e a preocupação de saldar pelo menos parte de seus compromissos, mas ao mesmo tempo a idéia da fuga para o estrangeiro com o dinheiro possível também lhe ocorria, e não deixava ainda de passar-lhe pela cabeça atribulada a idéia do suicídio espetacular.

Havia dez anos que começara modestamente com sua fábrica de confecção de roupas, cortando ele mesmo as peças e tendo uma costureira que o ajudava. Os pedidos, a oficina sendo ampliada, o lançamento de novos modelos ao gosto popular e a prosperidade.

Foi aí que Mário descobriu a volúpia de crescer. Ampliar para ele era uma constante. Todo lucro era empregado nesse esforço, e ele submetia-se, bem como a família, a viver duramente com o mínimo para que sua fábrica continuasse a crescer.

Aos poucos, ele achou que podia ser um grande industrial. Nada de negócios pequenos, de manufatura quase manual. Fora talhado para grandes coisas. Faria de sua fábrica uma grande indústria que exportaria sua mercadoria e ainda abasteceria o mercado interno.

Para isso precisava de capital. Apesar de seus negócios serem prósperos, para o que pretendia precisava de mais. Recorreu a empréstimos, importou grandes máquinas e, em meio ao volume de necessidades, percebeu que gastaria muito mais do que planejara.

Resolveu, por isso, associar-se a outros. Afinal, uma empresa como sociedade anônima produz muito mais.

E assim Mário abriu cotas, mudou o contrato social da firma e ampliou o capital. Mas a situação do mercado não era boa. As vendas não foram suficientes e os prejuízos o forçaram a recorrer a novos empréstimos a juros altos. Mas, Mário lutava. Tinha um ideal. Estava fazendo o progresso da nação. A situação era dura, mas com o tempo contava vencer.

Até que, naquele dia, verificando o saldo bancário, teve a surpresa de vê-lo reduzido a muito pouco. O que acontecera?

Surpreso, contratou em sigilo uma auditoria e descobriu, assustado, que fora roubado. Seu sócio, assistente direto, havia muito desviava grandes quantias, apresentando-lhe relatórios fictícios, e a situação era negra.

A fraude foi descoberta. A esse tempo, o ladrão puserase ao largo e viajara para o exterior. Mário tinha ficado com o montante das dívidas sem poder pagar.

Deixou-se cair em uma cadeira, arrasado. A ruína! Ah! que saudades de sua modesta oficina, onde o trabalho e a honestidade eram uma constante. Estava arruinado e qualquer solução que escolhesse não lhe permitiria mais responsabilizar-se por um negócio. Seu nome estaria sujo e sem permissão para recomeçar. Estava acabado. Não tinha mais forças para lutar. Como enfrentar a centena de funcionários e contar-lhes a verdade? E os fornecedores? Como confessar sua incapacidade?

Não tinha coragem. Sequer tinha uma arma para matar-se. Estava desnorteado. De que lhe tinham valido tantos anos de dedicação ao trabalho honesto se agora estava nessa situação?

Pensou na família, esposa e três filhos menores. Sequer encontrava tempo para estar com eles. Teria sido justo?

Saiu para andar um pouco. Precisava pensar. Foi a pé e não se deu conta que a noite chegara e ele continuava andando, e pensando. Onde tinha errado? Onde? Teria sido ambicioso? Teria sua ânsia de crescer sido a causa de tudo? Estaria errado alguém querer progredir no trabalho honesto?

Mário pensava, pensava, perdido em seus pensamentos. A culpa era do Antoninho, que o lograra, roubara e enganara. Não fora a fraude e o roubo, ele teria conseguido vencer.

Um ódio violento o acometeu. Se pudesse matava Antoninho. Foi aí que, ao atravessar uma rua, distraído, não viu o carro. Uma freada, um baque surdo e Mário perdeu a consciência.

Socorrido, foi conduzido para o hospital, mas encontrava-se em estado de choque.

Ferimentos leves, aparentemente; mas ele continuava desacordado, desafiando a Medicina, enquanto a família orava em seu favor. Mas, se o corpo de Mário jazia adormecido, seu espírito estava desperto, e a custo percebia o que acontecera. Estaria morto?

Olhou seu corpo inerte e, apavorado, não sabia o que fazer. Queria voltar a ele, mas ao mesmo tempo, sabia que se acordasse teria de enfrentar a situação da falência. Não seria melhor deixar tudo como estava?

E, apesar de sofrer o desgosto da família chorosa, ele não volta ao corpo, que permanecia desacordado no leito do hospital, para consternação dos médicos, parentes e amigos.

Mário precisava de toda sua força de vontade para não tornar ao corpo, que o atraía com força. Estava apavorado. Perdeu a noção do tempo. Há quantos dias estaria ali? O que fazer?

Suas energias estavam-se consumindo, e vendo que uma força enorme o atraía ao corpo, orou sentidamente implorando a ajuda de Deus. Entre lágrimas, prometeu solene:

– Senhor! Quero ter coragem para enfrentar meus problemas. Ajuda-me a não fugir mais.

Admirado, viu diante dele a figura de um homem cujo olhar luminoso o atraiu agradavelmente e, humilde, perguntou:

– O que devo fazer?

– Volte, Mário. E enfrente a luta com coragem. Aprende a realizar bem aquilo que podes, sem te perderes na ambição, e por certo recolherás o fruto do teu trabalho. Lembra-te também que a vida possui outros aspectos além da realização profissional para serem cultivados. O amor, a convivência familiar, os amigos, a arte, a cultura, a cooperação, o auxílio mútuo. Vai, e coragem.

– E Antoninho – disse ele, – ficará impune?

– Deixe à vida a incumbência de ensinar-lhe o valor da honestidade e do trabalho. A fraude não logra só suas vítimas, mas principalmente quem a comete. Já pensaste em tudo que o dinheiro não pode comprar?

Mário acalmou-se. Ele tinha razão. Naqueles dias avaliara o amor da família, o sofrimento da esposa e dos filhos por causa dele, a preocupação dos amigos, e até dos seus funcionários. Sentiu-se encorajado, disposto a lutar.

E mergulhando no corpo, acordou atordoado no leito do hospital. No dia seguinte foi para casa. O escândalo já tinha estourado. Mário teve o conforto do apoio de muitos amigos.

Vendeu tudo, liqüidou dívidas, ficou sem nada, mas graças ao respeito que sua honestidade detinha, alguns credores concordaram em esperar.

E Mário, tendo conservado seu nome limpo, preparou-se para recomeçar modestamente.

Porém, dessa vez, estava decidido a colocar cada coisa no devido lugar.

Marcos Vinícius

Fuga

Por entre as nuvens do céu o sol se escondia, colorindo de nuanças e matizes o horizonte. Apesar do entardecer refletir o brilho do sol que se despedia, o ar frio e o vento gelado obrigavam os transeuntes ao uso dos agasalhos, e a maioria levantava a gola tentando evitar a friagem.

O movimento de rua era intenso e, nas lutas do cotidiano, as pessoas iam e vinham, pensativas ou displicentes, preocupadas ou indiferentes.

Sentado a um canto da calçada um homem mendigava, chapéu estendido, onde algumas moedas jaziam como a mostrar o que ele esperava. Silencioso, com roupa surrada a vestir seu corpo magro e envelhecido, apesar da gola do paletó levantada ao pescoço, parecia não sentir o passar do ar frio, e em seu semblante se refletia a indiferença.

As pessoas passavam. Muitas sequer o viam, algumas olhavam-no com naturalidade e raros colocavam alguma moeda no chapéu surrado.

Antero ficava ali, sentindo as costas doerem pela posição incômoda, mudo. Seu pensamento, porém, vagava distante. Voltava ao tempo da fartura, da família, da mocidade e das ilusões.

Tinha sido tão feliz! Tinha nascido em um lar pobre, mas seus pais amavam-se e respeitavam-se, procurando educar os cinco filhos com bondade e disciplina. Antero fora o terceiro deles. Crescera alegre, em meio aos folguedos da infância. Jogava futebol na rua, cabra-cega, passa-anel, quando brincava com as meninas. Pulava corda nas tardes amenas de verão. Jogava amarelinha na calçada. Depois, a adolescência, os problemas, o primeiro amor e a ambição despertando em seu coração como chama de fogo a queimar, atormentando seu espírito.

Se as garotas não o aceitavam, era porque era pobre, pensava. Não tinha as roupas da moda, não podia gastar levando-as a lugares de luxo, não tinha educação para freqüentar as rodas de elite.

Olhava a casa modesta onde vivia e odiava-a. Tinha vergonha de dizer aos amigos e às garotas onde morava. Exigia cada vez mais dos pais, e a mãe, preocupada, ponderava a necessidade de ser paciente até que ele pudesse ter um emprego e ganhar melhor. Estimulava-o ao esforço próprio, ao estudo.

Antero, porém, achava-a ignorante e burra, porque ela não conseguia expressar-se em linguagem correta. Aos dezesseis anos, fugira de casa, deixara a família definitivamente. Um bilhete frio explicando que não podia mais agüentar a vida no lar fora sua despedida, dizendo que nunca mais voltaria.

Antero estava feliz! Haveria de ser rico, muito rico. Conseguiria tudo quanto tinha direito. O mundo era dos espertos, pensava. Não tinha paciência de esperar nem de ficar como o pai, mendigando num emprego miserável, aturando patrão pelo resto da vida.

Com o dinheiro que possuía, fora para o Rio de Janeiro. Era lá que sonhava fazer fortuna. Tinha boa aparência, era desembaraçado, falava bem. Logo fizera amizade com rapazes de famílias ricas, a quem contava histórias falsas, dizendo-se filho de fazendeiro rico, dizendo ter saído de casa por não tolerar mais o mau gênio do pai e as loucuras da mãe sempre na Europa ou ocupada em festas elegantes. Nesse ambiente, fácil lhe fora conseguir viver quando o dinheiro acabara. Alegara que o pai cortara sua mesada.

Não procurara emprego nem voltara aos estudos. Percebera que as drogas circulavam pela garotada e muitos deles pagavam bem pela mercadoria. Não se tornara viciado, era astuto. Não se deixava levar, embora fingisse algumas vezes estar na deles. Porém, metera-se com traficantes e dentro de pouco tempo o dinheiro começara a entrar para seu bolso ávido.

Não se importava com os rapazes e as moças que se destruíam consumidos pelo vício. Se eles queriam envolver-se, que culpa ele tinha? Se ele não passasse a droga outro o faria. Para que preocupar-se?

Dentro de poucos meses Antero estava bem, possuindo casa, automóvel, dinheiro no banco e a vida que desejava. Estava feliz! Tinha vencido. Da família que tinha ficado no interior de São Paulo não queria notícias. Sequer lembrava-se de que eles existiam.

A ambição de Antero não parara aí. Precisava entrar para a alta sociedade. Queria ser famoso, ter poder. Resolvera casar-se. Só assim conseguiria seus fins. Escolhera entre as moças solteiras das mais influentes e ricas famílias e começou a agir.

Casara-se com Helena, moça ingênua e fina. Não era bonita, mas Antero não estava preocupado com isso. O que queria mesmo era o nome, a posição e os bens de família.

Helena era bondosa e delicada. Seduzida pela figura bonita de Antero, amara-o apaixonadamente. Sua dedicação incomodava-o, e logo ela percebera por que ele se tinha casado. Começara a ficar triste, amargurada, entretanto, procurava esconder de todos sua dor.

Antero estava como queria. Vida social, dinheiro, atenções, privilégios. Diante dos outros, socialmente, era atencioso, carinhoso com Helena, fazendo o papel do marido apaixonado e ideal. Helena era invejada pelas amigas e tida como mulher feliz.

Tiveram dois filhos, que Antero colocara nos melhores colégios e criara com fidalguia. Seu dinheiro aumentava sempre, e a fortuna da esposa duplicara-se.

Ele contrabandeava cocaína e fazia parte de vasta rede de traficantes, onde era acatado e sua palavra era ordem.

Socialmente, ninguém desconfiava dessas suas atividades, e se alguém um dia suspeitou, jamais pôde provar nada.

O tempo fora passando e quando os filhos tornaram-se adolescentes, o mais velho era rebelde e de estranho comportamento. Não queria estudar e um dia, tomado de fúria, quebrara todos os móveis do seu quarto. Fora necessário recorrer à camisa-de-força para contê-lo.

O médico, depois de vários exames, constatara a esquizofrenia, e chocada pelo desgosto, a saúde de Helena começara a declinar. Seu coração sofrido não resistira e ela partira. Morrera.

Apesar de não amar a esposa, Antero ficara abalado. A morte o atemorizava, e vendo-lhe o corpo hirto, gelado, funda onda de pavor o acometera. Ficara em crise. Os amigos, penalizados, comentavam o quanto ele amava Helena.

Seu filho tinha crises periódicas, durante as quais necessitava internação e tratamento. Antero apegara-se ao filho mais novo. Ele era mais calmo, sempre calado, introvertido. Viajava e passava dias fora de casa com os amigos. Quando em casa, trancava-se no quarto, onde permanecia durante horas a fio. Numa dessas viagens do filho, Antero fora chamado às pressas. Seu filho tinha sido encontrado morto por excesso de drogas.

Novamente o velório, a angústia, o cadáver do filho, o pavor. Pela primeira vez Antero sentira o problema do vício.

Desgostoso, quis afastar-se desse meio. Estava rico, não precisava mais disso. À noite, tinha pesadelos onde Helena aparecia acusando-o de ter matado o filho. Contudo, estava muito envolvido com as drogas. Era difícil sair.

Seu filho mais velho continuava a preocupá-lo, porque nos últimos tempos, quando não estava internado, jogava sem parar, perdendo grandes quantias, que Antero cobria sempre.

Fora nesse tempo que Antero passara a ter medo de dormir, receoso de encontrar Helena ou o espírito do filho morto. Sonhava com ele, rodeado de jovens, todos drogados a exigir-lhe contas.

Antero fora emagrecendo, tomando-se irascível, perdendo grandes quantias nos negócios, indiferente a tudo que não fosse a noite, seus pesadelos, as figuras atormentadas que o acusavam e o enchiam de pavor.

Perdera tudo quanto possuía, perturbado e aflito, querendo esquecer, fugir. Vendo o filho ser levado em camisa-de-força, rosto de louco, não suportara mais a pressão e fugira. Largara tudo que lhe restava, saíra de casa só com a roupa do corpo e andara, andara, sem destino, querendo em vão esconder-se, sentindo-se perseguido. Não queria ficar muito tempo num lugar. Sua roupa ficara suja, rasgada, e ele fugia sempre, perturbado e infeliz.

Pessoas caridosas deram-lhe roupas e pão. Ele aceitara. Apesar de tudo, não estava inconsciente. Lembrava-se de tudo. Havia momentos em que toda sua vida desfilava pela sua mente, e cada vez que isso acontecia, ele ia modificando seus valores. Esquecia a pobreza da casa paterna para lembrar-se da infância feliz e protegida; a falta de ilustração da mãe para lembrar-se do seu carinho, da sua comida cheirosa, seus braços carinhosos quando se machucava. Porém, logo voltavam os perseguidores, e a multidão de jovens duendes enlouquecidos o cercavam pedindo contas, e ele precisava fugir, esconder-se, lutar.

A tarde caía e Antero, cabeça baixa, segurando o chapéu entre os dedos magros, lembrava-se do passado, revivia tudo, o rosto bondoso de Helena, seu amor, sua ingenuidade.

Não se preocupava com as moedas que caíam no chapéu, nem com o vento frio. Tinha saudades do passado! Se tudo voltasse atrás, ele faria diferente. Se pudesse rever os pais, os irmãos, o lar modesto, ter aquela paz! Que felicidade!

Nesse instante, o rosto desfigurado do filho morto apareceu-lhe diante dos olhos e a multidão de jovens, rostos deformados, exigindo-lhe contas, o acompanhava. Antero então, foi arrancado de sua indiferença, e agarrando o chapéu, levantou-se apavorado. Precisava fugir. Precisava esconder-se onde eles não o pudessem encontrar. Saiu a correr por entre os transeuntes apressados, olhos abertos pelo pavor, sem rumo e sem saber onde se abrigar.

A noite desceu e as luzes da cidade se acenderam, acentuando o brilho das vitrines e dos letreiros coloridos, iluminando as calçadas por onde, como sempre, as pessoas continuaram no seu caminhar.

Marcos Vinícius

O Egoísmo

Nas escadarias do templo o homem esmolava. Magro, ossudo, triste, roupas puídas, olhos baixos procurando esconder sua miséria, como se fosse possível passarem despercebidos sua perna defeituosa e seus pés tortos.

Encostado na mureta dos degraus, chapéu estendido, não ousava levantar os olhos para as pessoas bem vestidas que acorriam ao templo para os serviços religiosos do domingo. Suas muletas, a um canto, eram testemunhas mudas, porém eloqüentes, de suas necessidades, e aos poucos as moedas pingavam no seu velho chapéu e ele vagarosamente as recolhia, guardando-as no bolso do paletó, voltando a estender o chapéu.

Já passava das onze. Suas costas estavam doloridas e seu estômago avisava que estava vazio, mas ele não modificava sua posição. Estava acostumado. Seus membros sempre doíam, e comer não era o seu forte.

Dentro da igreja, a missa já começava, e o padre iniciou o seu sermão. Pelo alto-falante colocado na entrada, sua voz ganhava a praça, alcançando os fiéis que preferiam a amenidade do jardim ao interior do templo, pregando o Evangelho.

– Amai-vos uns aos outros – dizia ele, – como eu vos amei.

E relembrando as palavras de Jesus, concitava as criaturas a amar seus semelhantes, a perdoar as ofensas e a ajudar o próximo. Suas palavras ditas com entusiasmo, valorizadas por seus dons de oratória, provocando admiração nos fiéis atenciosos, nenhuma emoção provocavam no mendigo, que as ouvia indiferente, não se detendo para pensar em seu significado.

E o padre continuava, falando do amor de Deus, do caminho, da verdade e da vida, das bênçãos da fé e da certeza do reino de Deus. Porém, o mendigo, com gesto maquinal, apenas apanhava as moedas que continuavam a pingar em seu chapéu, guardando-as no bolso.

Não procurava entender o que se passava ao seu redor. Fechara-se em sua vida limitada, triste, amargurada e recusava-se a enxergar outra coisa que não fosse a sua própria dor.

Durante muitos anos ele ficou ali. Ia com suas muletas, colocava-as num canto, sentava-se e estendia o chapéu aos passantes. Quando o ofício religioso acabava e todos se retiravam, tomava novamente as muletas e voltava para sua casa pobre, sozinho e indiferente, fechado para tudo que não fosse sua vida.

Não acreditava no amor, na felicidade, no bem, não se interessava sequer pela desgraça alheia. Era um indiferente.

Um dia não compareceu às portas do templo para esmolar. Ninguém se interessou em saber o porquê. Foi um vizinho que encontrou seu corpo na cama surrada. Ele estava morto.

Durante muito tempo, seu espírito permaneceu preso à rotina a que se habituara. Todos os dias dirigia-se à porta do templo e lá ficava estendendo o velho chapéu, sem perceber que as pessoas não mais colocavam as moedas nele.

Foi nessa triste situação que abnegados atendentes do Plano Espiritual o foram encontrar, procurando falar-lhe para que compreendesse a verdade e aceitasse a ajuda que lhe era oferecida. Nada conseguiram.

Preocupados, levaram seu caso para estudo com seus superiores.

– Ele tem sofrido muito – disse um deles, – foi o sofrimento que o tornou assim.

– Ele tem medo de sofrer mais – disse o outro, – por isso fechou-se em sua indiferença.

O amigo espiritual que os ouvia calado respondeu, sério:

– Conheço o caso dele. Já foi muito rico e colocou no dinheiro toda sua ambição. Pouco lhe importavam as necessidades alheias. Vivia dominado pelo cifrão. Fechou-se no seu mundo e tornou-se um indiferente. Assim, empobreceu o seu espírito a tal ponto que por duas encarnações seguidas mendiga para comer. Entretanto, continua indiferente. Durante muitos anos, ouviu a voz do padre falar sobre Evangelho. Não se comoveu. Tinha ao seu redor a beleza da natureza, sequer a percebeu. Só sua vida o interessava, só tinha olhos para o dinheiro que pingava no seu chapéu.

– É triste. O que podemos fazer para socorrê-lo? – indagou o atendente, condoído.

– Podemos tirá-lo de lá? – disse o outro, comovido. – Já tem condições de libertar-se, porém continua voluntariamente preso ao seu aleijão e a sua miséria.

O instrutor abanou a cabeça, dizendo:

– Não podemos fazer nada. Ninguém pode.

– Ele vai continuar lá?

– Por certo. É uma escolha dele. O egoísmo é chaga terrível que encarcera as criaturas e deturpa sua visão. Ele ainda não compreendeu os verdadeiros valores do espírito. Até que acorde, continuará lá, a ouvir o Evangelho e a esmolar. Contudo, não se preocupem. Quando ele começar a entender, nós poderemos ajudar. Por agora, só podemos orar por ele e esperar.

Algumas pessoas mais sensíveis, quando iam à igreja, viam a figura do mendigo a esmolar, mas o padre as consolava, dizendo:

– Foi impressão. O coitado já morreu, e pelo muito que sofreu a vida inteira, já deve estar no céu.

O povo aceitava logo, esquecendo a figura que durante tantos anos estivera ali, a esmolar.

Marcos Vinícius

Foi Assim

Aconteceu. Tudo começou naquela manhã em que fui acometido de um derrame cerebral. O atordoamento, a inconsciência e, depois, parecendo-me acordar de um sonho, o leito do hospital, o corpo pesado e sem obedecer-me estendido na cama qual instrumento inútil e sem controle.

A princípio pensei que estivesse vivendo um pesadelo, desses que já tivera muitas vezes, querendo mexer o corpo, gritar, acordar, sem muito sucesso.

Lutei para falar, gritar, acordar, mexer-me no leito, mas não consegui. Inútil dizer do meu pavor e do meu desespero. Tentei gritar, abri os olhos e ouvi sons guturais saindo da minha garganta, vislumbrei o rosto aflito da minha mulher debruçada sobre mim, ansiosa. O que estava acontecendo?

Estava atordoado, mas mesmo assim vislumbrei vários rostos a debruçarem-se sobre mim, como a querer ajudar-me. Eu estava em pânico. Sentia-me sem forças em meio à gigantesca barreira e não conseguia falar.

Percebi, após tremendo esforço, que conseguia movimentar a mão direita e ouvi exclamações de alegria de Isabel, minha mulher.

Desde esse dia minha luta começou. Às vezes sentia-me muito leve e conseguia olhar no leito meu pobre corpo imóvel, adormecido.

Não quero morrer, pensava apavorado, e mergulhava no corpo de carne querendo acordá-lo, usando para isso todas as forças de que dispunha.

Tudo inútil. Ele não me obedecia. E o que acontecia era que eu ficava atordoado e confuso, sofria muito.

Aos poucos fui percebendo que me sentia muito melhor fora do corpo quando, apesar de assustado, do medo de morrer e do atordoamento, podia perceber melhor o que se passava no quarto.

Minha pobre Isabel! Tão sofrida! Tão resignada! Quantas coisas gostaria de dizer-lhe! O quanto lhe era grato por tantos anos de vida em comum e cujo valor eu começava agora a perceber.

Eu sabia que não estava morto, porém, não compreendia como podia estar fora do meu corpo, e sempre que a ele eu queria voltar, sentia-me mal. Percebi, com o tempo, que embora Isabel estivesse nervosa e preocupada e meus filhos entristecidos, quando eu me aproximava dela, se a abraçava, sentia-me melhor, apesar da tristeza e da angústia que me acometiam.

Assim estava um dia quando o médico chegou e junto com Isabel dirigiu-se ao meu corpo estendido no leito. Curioso, encostado a Isabel, os acompanhei. Eu já sabia que se tentasse movimentar o corpo perderia a consciência. Por isso, colei-me mais a Isabel, que sentiu um pouco de tontura.

O médico amparou-a, obrigando-a a sentar-se em uma cadeira ao lado do leito.

— D. Isabel, sinto muito, mas seu marido não dá acordo de vida. Não sai do estado comatoso. A senhora precisa descansar. Já está há mais de duas semanas neste quarto e deve ir para casa. Eu designarei uma enfermeira excelente para tomar conta do nosso doente. Ou, se quiser, outra pessoa da família poderá ficar. Precisa de descanso urgente.

Isabel começou a chorar.

— Pobre do Antônio, doutor. Tenho visto pessoas com derrame voltarem aos poucos ao normal. Estou esperando que ele acorde. Já abriu os olhos, tentou falar, mexeu a mão.

O médico abanou a cabeça.

– Lamento dizer que o estado do nosso paciente é grave. Houve paralisia generalizada e ele não tem respondido aos estímulos do tratamento.

– Ele pode morrer?

– Deus é quem sabe, d. Isabel, mas ele corre esse risco.

Meu susto foi tão grande que me atirei ao corpo estendido no leito, num esforço supremo para dominá-lo. Abri os olhos e tentei falar, mas não consegui. Estava apavorado, queria dizer que não estava morrendo e que eles não desanimassem. Porém, não pude. Senti-me terrivelmente mal, pesado como chumbo, coração descompassado em desespero.

Durante vários dias permaneci nessa luta; saindo do corpo, sentia-me leve, mas sempre que o médico aparecia eu atirava-me ao corpo querendo acordá-lo. Como o médico poderia declarar-me morto, se eu estava ali, vivo e incapacitado? Não sei quantos dias permaneci assim.

Só me lembro que um dia uma senhora apareceu para visitar-nos. Isabel não a conhecia. Uma prima lhe pedira que nos visitasse. Era espírita. Abraçou minha mulher com amizade e disse-lhe, convicta:

– Vamos fazer uma prece. Seu marido não compreende o que está acontecendo. Sofre por isso. Teme a morte.

Olhei-a admirado. Ela sabia o que me estava acontecendo! Iria por fim ajudar-me a sair daquele sofrimento?

– Não quero que ele morra – disse Isabel, chorosa.

– Eu sei – respondeu ela, – mas Deus é quem decide o que é melhor para ele. Como querer que ele viva prisioneiro de um corpo destrambelhado?

Assustado, olhei-a, receoso. Ela, calma, levantou-se, e colocando a mão sobre a cabeça de Isabel, orou pedindo a Deus compreensão e paz.

Eu vi chegar o médico e duas enfermeiras, mas não era o médico de costume. Olhei-o assustado, e ele me sorriu. O que estava acontecendo? Ele estava me vendo. Teria sido um milagre?

A senhora aproximou-se do meu corpo estendido no leito. Espalmando a mão sobre a testa, disse emocionada:

– Antônio, percebo seu sofrimento. Não tenha medo. Deus é misericordioso e bom. Confie nele. A vida é eterna e a morte é ilusão. Você continuará vivo mesmo quando seu corpo for abandonado. Veja, ele está destrambelhado e sem condições de continuar a obedecer-lhe. Entregue-se a Deus e deixe que seus enviados o ajudem a vencer essa etapa difícil. Vamos ajudar d. Isabel, que adoece neste estado de coisas. Aceite a vontade de Deus e tudo se resolverá. Sua família será amparada pela misericórdia divina, não tema. Um dia, quando você estiver livre, poderá voltar a vê-los. Aceite a vontade de Deus.

Lágrimas caíam dos meus olhos tristes, mas com fé acompanhei a prece que ela fazia. Tinha de pensar em Deus. Só ele poderia ajudar-me. Olhei o médico, e ele aproximou-se.

– Vim ajudá-lo a desligar-se.

– É preciso? – indaguei entre lágrimas.

– Sim. Confie em Deus.

As enfermeiras de olhos bondosos, feições agradáveis, aproximaram-se oferecendo-me a maca.

– É preciso deitar-se. Dormirá sono tranqüilo e quando acordar estará bem melhor.

Com lágrimas nos olhos aproximei-me de Isabel, que chorava baixinho, e beijei-lhe o rosto e as mãos, profundamente comovido.

A senhora ainda orava e percebi que ela me fixava, olhos brilhantes de emoção.

– Deus a abençoe – disse-lhe, e tenho a certeza de que ela me ouviu.

Sorriu e disse:

– Vá em paz.

– Doutor, sou medroso e estou desesperado.

Ele colocou a mão na minha e disse, sereno:

– Não tema. Tudo está indo muito bem.

Deitei-me na maca, segurando sua mão amiga, e adormeci.

Quando acordei, estava num leito de hospital. Assustado, tentei mover-me, e para minha surpresa, consegui. Levantei-me, apalpei-me e eufórico chamei:

– Isabel! Estou curado! Estou curado! Podemos voltar para casa.

Naquele instante, o médico cuja mão eu tinha segurado apareceu no quarto e, sorridente, perguntou:

– Então, Antônio, está melhor?

– Sim, doutor. Estou curado. Quero ir para casa, ver Isabel, os meninos.

Ele sorriu e disse:

– Não pode, Antônio. Ainda é cedo. Faz três dias que você desencarnou.

Antônio Silva Bastos

Reunião

Pássaros esvoaçam no cenário agreste enquanto a brisa sacudia os galhos vetustos das árvores. Tudo era calma e consentimento.

Aconchegado a um canto na relva macia, um homem pensava, e nos seus olhos cansados e tristes refletiam-se o pessimismo e a exaustão. Não via a beleza da tarde que segredava mil promessas nem sentia o cheiro gostoso da mata que se adensava mais além, perdendo-se no horizonte.

Só tinha olhos para sua dor. Só tinha campo para sua mágoa. Não sentia nada que não fosse sua tristeza a pungir-lhe o coração dolorido. E as lembranças teciam em sua mente pensamentos de angústia e o volume dos porquês surgiam intempestivos. Por que se calara? Por que suportara a mentira e a má fé? Por que silenciara durante tanto tempo guardando a consciência da culpa sem coragem para gritar a verdade? Por quê?

Lágrimas rolavam por seus olhos cansados e ele as deixava cair livremente, dando vazão a sua dor. Por sua culpa eles se tinham separado. Mariazinha e André, que tanto se amavam, e tanto sonhavam com a felicidade.

Ele, porém, a queria para si. Amava Mariazinha com loucura e sofria vendo-a enlevada nos braços de André.

Cidade do interior de São Paulo, gente bem relacionada. Mauro passou a mão nos olhos que as lágrimas toldavam. Ele se recordava de tudo. Voltava para casa uma noite quando fora surpreendido com uma discussão.

Um conhecido industrial da cidade discutia em frente a sua casa com um homem alto e desconhecido. Separaram-se violentamente e Mauro ia passar adiante quando vira André que caminhava do outro lado da rua. Fora nesse momento que, quando o industrial se preparava para entrar em casa, o homem alto voltara-se e desfechara-lhe dois tiros à queima-roupa.

Receoso, Mauro tinha parado, enquanto André correra em auxílio à vítima. Vendo o sangue correr, apavorado, gritara por socorro, e sem saber o que fazer, apanhara a arma que o homem atirara ao chão. Foi aí que Mauro tivera a idéia fatal.

Vizinhos saíam assustados e Mauro apenas sugerira que tinha visto André atirar no industrial. A notícia provocara confusão, e quando a polícia chegara, havia várias pessoas que tinham "visto" André atirar.

De nada adiantara gritar que era inocente e dizer que Mauro também presenciara o crime.

Mauro negara, dizendo nada ter visto e sustentara o olhar dorido de André, surpreso pela traição. A condenação de André o tinha colocado em vantagem e Mauro se recordara que procurara confortar Mariazinha que, chorosa, não se conformava com o crime.

Mauro fizera circular na cidade que a discussão fora motivada pela ligação de André com uma mulher leviana que mantinha ligação com o morto; logo as más línguas passaram o boato para a frente, desiludindo Mariazinha que, horrorizada, procurara esquecer André.

Mauro sabia que André sofria, mas aceitara a renúncia do seu amor por achar que sua situação triste só traria desgostos à mulher que amava. Mauro lembrava-se de que, desde aqueles dias, a consciência o acusava e muitas vezes ele sentira ímpetos de contar a verdade.

Porém, como confessar sua tremenda mentira? Como tornar-se réu perante a justiça e desmoralizado diante de Mariazinha?

O tempo fora passando e debalde ele tentara conquistar o amor daquela mulher. Ela não podia esquecer-se de André, condenado a quinze anos de prisão.

O remorso tornava sua vida um martírio, porém, preferira guardar seu segredo até o fim. De que lhe havia servido tão vil mentira? De que, se Mariazinha jamais o aceitara?

André cumpria doze dos quinze anos de prisão, conseguindo comutação da pena por bom comportamento. Saíra de lá envelhecido e triste, para sofrer a pressão social dos egressos, marginalizados pela sociedade, olhados sempre com desconfiança.

Sumira da cidade com seus pais, que sofridos e arrasados, resolveram tentar a vida em outro lugar. Durante muitos anos Mauro não teve notícias deles. Mariazinha também tinha ido embora, e ele se perguntava se eles não estariam juntos novamente.

Mauro ficara só com seu remorso. Não se casara. Sua mãe, viúva, partira, e ele acabara triste e desanimado, indo para a cidade grande tentar a sorte. Porém, não estava bem de saúde. As noites mal-dormidas o incomodavam e os pesadelos povoavam-lhe o sono, enchendo-o de desespero.

Até que uma noite, quando regressava ao quarto de pensão, fora esfaqueado por um meliante, tendo morte imediata.

Mauro estremeceu recordando-se dos seus sofrimentos ao deixar a Terra. As acusações o perseguiam e ele em vão procurava ocultar-se das mãos acusadoras.

Muitos anos tinha vagado assim, até que, em um dia de agonia e dor, sua mãe o procurara, abraçando-o e levando-o a um local de socorro. Aí seu remorso acentuara-se. Por que se tinha deixado envolver? Por quê?

Olhou o céu, as árvores sem conseguir acalmar o coração. Estava arrependido, desejava redimir-se. Seu primeiro ato seria pedir perdão a André e a Mariazinha. Eles também já tinham regressado ao mundo espiritual. Por isso esperava-os. Com a ajuda dos amigos, marcara uma reunião com eles, onde de joelhos suplicaria que o perdoassem.

Enxugou os olhos, levantou-se. Precisava coragem. Respirou fundo e esperou. Temia que eles não aceitassem atender seu apelo indo encontrá-lo naquele recanto.

Porém, olhos enevoados, viu que duas pessoas aproximavam-se. Eram eles. Mais envelhecidos, mais maduros, mas ele os reconheceu. Olhavam-no, e em seus olhos não havia acusação nem ultraje.

Mauro, vendo-os perto, caiu de joelhos, e confessando seus erros passados, pediu-lhes para que o perdoassem.

Foi André quem o levantou e, abraçando-o, disse:

– Sofri e amadureci. Há muito já o perdoei.

– Eu também. Não lhe tenho rancor – disse Mariazinha.

– Afinal, conseguimos ainda ser felizes, e estamos juntos.

Abraçaram-no, e Mauro sentiu-se reconfortado. Quando eles se foram, olhou o céu, as árvores e os pássaros e exclamou:

– Eles me perdoaram. Poderei eu algum dia me perdoar?

Marcos Vinícius

Engano

Refestelado em rica poltrona, Osório, olhos semicerrados, mãos sob o queixo, pernas cruzadas, deixava-se embalar nas asas do sonho.

Finalmente sua luta chegara ao fim. 25 anos de esforço, coragem, perseverança, e então tinha realizado seu objetivo mais caro. Era dono de considerável fortuna, casara-se com a mulher que desejava e com ela tivera dois filhos, galgara posição, tinha prestígio, poder.

Tinha conseguido provar sua capacidade, sua inteligência e ali mesmo, naquela festa, podia saborear sua vitória.

Ele não podia esquecer. Tinha a cena gravada na memória como se fosse ontem. Moço pobre, modesto escriturário, no seu primeiro emprego, Osório apaixonara-se perdidamente por uma moça rica.

Helena era linda e também interessara-se por ele, porém, sua família não o aceitara. Tudo fez para ridicularizá-lo, e Helena aos poucos desinteressara-se dele.

O último encontro fora em uma festa em casa dela, uma linda mansão. Ele vira-se preterido, humilhado, e, o que é pior, ridicularizado. Saíra dali com o ódio no coração. Haveria de mostrar-lhes o quanto valia.

Atirara-se ao trabalho, realizando pequenos negócios, e aos poucos fora melhorando. Deixara o emprego e dedicara-se ao seu próprio negócio. Estudara, melhorara de vida. Escolhera uma jovem da sociedade e, a essa altura, fora aceito com prazer.

Dali para a frente tudo dera certo para Osório. E ele pensava que um dia ainda haveria de vingar-se daquela humilhação primeira.

Foi naquela festa, naquela noite que encontrou a oportunidade. Ele era o homenageado. O homem do ano e o centro das atenções. Foi quando, entre um abraço e outro, avistou Helena.

Fazia muitos anos que não a via. Estava com o marido, e Osório lembrou-se do que alguns amigos lhe contaram sobre a desagradável situação financeira em que andavam seus negócios. Sabia que a empresa deles estava em triste situação e que Helena se vira na contingência de trabalhar para evitar a ruína.

Vendo-lhe o rosto um tanto cansado, o traço de amargura do olhar, sentiu intenso contentamento. Afinal, ele vencera. Ele conquistara tudo, ela descera. Ela caíra do alto do seu orgulho e por certo deveria arrepender-se de tê-lo preterido.

Tudo poderia ter sido diferente, pensou ele, entretido. Ah! se ela tivesse querido! Se ela o tivesse amado! Mas, ela o recusara.

Ele era o vencedor, ele. Tinha ímpetos de gritar, de rir, de cantar. Sentiu vontade de comemorar. Abriu os olhos, levantou-se, apanhou um copo de vinho e saiu para o jardim.

Encontrou um amigo que, vendo-o, comentou:

– Que noite agradável!

Osório sentou-se a seu lado com prazer. Por grande coincidência, Walter também estivera lá na festa do seu rompimento com Helena. Teve vontade de saborear a vitória. Aparentando indiferença, disse:

– Hoje é a noite das reminiscências. Helena está aqui com o marido. Você também.

– Pra ver – concordou Walter com calma. – Naquela noite você era muito jovem, inexperiente. Não o culpo, era seu primeiro amor.

– Coisas da juventude – ajuntou Osório com displicência.

– Se existe mulher de fibra é Helena. Tenho acompanhado suas lutas, somos amigos desde aqueles tempos.

Osório não gostou daquelas palavras e retrucou:

– Ela era moça orgulhosa e interesseira. Ridicularizou-me porque eu era pobre.

O outro olhou-o, admirado.

– Não acredito. Ela seria incapaz. É mulher simples, apesar da classe que tem e da forma como foi educada. Casou-se por amor e tem sido de uma dedicação ao marido e aos filhos que me comove. Vejo que você não a conhece bem.

Osório estava enraivecido. Não aceitava a recusa dela.

– Ela fez pouco de mim. Deu-me o fora. Disse que não me queria. Se eu fosse rico não teria feito isso.

Walter sacudiu a cabeça.

– Se ela disse isso é porque era verdade. Se não o amava, a franqueza era o caminho mais adequado. Para ser franco, ela comentou comigo na ocasião.

– Comentou?

– Sim. Disse que o apreciava muito, mas não o amava o suficiente para chegar ao casamento. Disse mais, que você era inteligente, tinha futuro brilhante. Aliás, se houve alguém que previu o seu sucesso, foi ela. Disse que você era suficientemente orgulhoso para lutar e vencer na vida.

Osório parecia ver contar sua história pela primeira vez.

– Tem certeza disso?

– Claro. Ela sempre se referiu a você com muito respeito.

De repente, Osório começou a rir. Ria, ria sem parar e quando o amigo, intrigado, perguntou-lhe o porquê, ele disse, alegre:

– Hoje é o dia da minha vitória. Só que eu pensava ter vencido Helena, ter provado minha capacidade, e percebi que durante todos esses anos vivi uma situação irreal.

– Como assim?

– Olhe, Walter, é difícil explicar, mas acho que tirei um grande peso de cima de mim. Só posso dizer-lhe que meu orgulho fantasiou uma situação que não existia, e agora eu estou livre. Amo minha mulher, meus filhos. Sou um homem feliz! Muito feliz!

E enquanto o amigo o olhava, pensando que ele tivesse abusado um pouco da bebida, Osório procurou o rosto amigo da esposa, e com os olhos transbordando de amor e alegria, convidou-a para dançar.

Marcos Vinícius

O Imprevisto

Antônio Alves era homem influente e bem-apessoado. Alto, elegante, seguro em suas opiniões, ponderado, era sempre solicitado pelos parentes e amigos nas dúvidas e discussões, quando era ouvido, acabando por dar a última palavra.

Se os parentes desentendiam-se, iam a Antônio expor suas pendências, e atendendo suas sugestões a situação se resolvia.

Possuía pequena indústria de manufaturados da qual tirava o sustento da esposa e dos filhos menores. Assim, sua vida decorria regularmente e mostrava-se seguro nos negócios, no trato com a família e com os amigos; não era homem de falar de si ou de seus sentimentos. Não se abria com ninguém. Se aparecia algum problema em sua vida, ninguém ficava sabendo. Antônio sempre conseguia discretamente solucioná-lo.

Era por isso bastante respeitado. Ele apreciava essa fama de homem equilibrado e forte. Seguro e prudente.

Apesar de tudo isso, Antônio era materialista. Respeitava a opinião alheia, mas, embora discreto, alegava não crer em Deus. Como era homem estimado, os religiosos da cidade viviam tentando chamá-lo a suas hostes, mas Antônio delicadamente esquivava-se.

Certa noite, Antônio dirigia seu carro pela estrada de regresso a sua cidade. Tinha trabalhado o dia inteiro na pequena cidade do interior e naquele momento voltava a São Paulo tranqüilo.

Noite clara, luar, Antônio seguia calmo, quando um vulto de mulher apareceu no meio da estrada acenando desesperadamente para que ele parasse. Num segundo Antônio pensou em não parar. Era perigoso. Todavia, o inesperado não lhe deu tempo de desviar. A distância não permitia. Ou freava ou atropelaria a mulher. Brecou instintivamente.

– O que faz aí no meio da estrada a esta hora? Saia que eu quero seguir – gritou ele, colocando sua cabeça para fora da janela do carro.

– Pelo amor de Deus – gritou ela aflita, – deixe-me entrar. Por favor, ajude-me. Eles me perseguem.

– Eles quem? – gritou Antônio, preocupado.

– Não temos tempo. Por favor, ajude-me. Eles vão matar-me. Leve-me ao posto policial.

Antônio olhou a fisionomia aflita da mulher. Era jovem e ele percebeu que ela estava grávida. Ia meter-se em apuros, mas como deixar aquela mulher sozinha no meio da estrada, naquele desespero?

– Entre – decidiu ele abrindo a porta, e ela, trêmula, sentou-se ao seu lado dizendo: – Por favor, vamos logo, senão será tarde demais.

Antônio arrancou procurando observar disfarçadamente o rosto dela.

– O que aconteceu? – indagou ele, sério.

– Foi Deus quem o mandou aqui nesta hora. Estou desesperada. Eles vão matar-me e a meu filho. Tenho um filho de três anos.

– Eles quem?

– Os ladrões. Estavam drogados. Eu e meu filho estávamos na casa de campo passando alguns dias, meu marido viajou e ficamos o chofer, a empregada, meu filho e eu. Eles chegaram às 5 horas da manhã. São quatro homens e dominaram o chofer, prenderam a empregada e eu com o menino no quarto. Cortaram o telefone. Foi horrível. Ameaçaram-nos, estragaram a casa, beberam muito, comeram.

Dei-lhes tudo que podia, diziam a toda hora que nos iam matar. Foi horrível. Um deles investiu contra mim, levou-me para o outro quarto, indiferente ao choro do meu filho assustado e aos meus protestos. Ameaçou atirar nele e fui forçada a segui-lo. Aproximou-se de mim pretendendo violentar-me. Desmaiei. Quando acordei, nem sei como consegui sair e pedir socorro. O senhor apareceu, foi Deus quem o enviou. Olhe, o posto policial. Que a polícia vá lá imediatamente. É na casa do dr. Rocha. Eles sabem.

Antônio parou o carro.

– Vamos – disse.

– Vá você, eu espero. Rápido.

Antônio saiu o mais depressa que pôde e logo que foi atendido pediu ajuda aos policiais.

– O dr. Rocha? Está viajando, sim. Passou por aqui ontem. Vamos imediatamente.

Antônio saiu satisfeito. A jovem senhora podia esperar no posto policial e ele, embora estivesse curioso, voltaria para casa.

Ao voltar ao carro, porém, Antônio não encontrou ninguém. A mulher havia desaparecido. Intrigado, procurou-a por todos os lados. Nada. Estranhou. Onde se teria metido?

– Ela desapareceu – disse preocupado a um policial. – Onde terá ido?

– Tem certeza de que estava aí? – indagou ele.

– Claro. Acha que inventaria essa história?

– Não. Como poderia saber que o dr. Rocha tinha viajado? Vamos depressa antes que seja tarde.

– Vou com vocês – decidiu Antônio. Precisava provar que tudo tinha sido verdade.

Ganharam a estrada e com cuidado deixaram os carros a certa distância. Aproximaram-se da propriedade. Havia luz na casa e um carro na garagem. Cautelosamente cercaram a casa, e espiando por uma janela, constataram que havia homens mal-encarados lá dentro. Era perigoso assustá-los. Podiam agredir as pessoas da casa.

Combinaram a invasão e a um sinal, entraram pela janela dos fundos enquanto um deles batia na porta da frente para distraí-los.

Deu certo. Em poucos instantes os quatro ladrões estavam presos, um deles muito bêbado e os outros paralisados pela surpresa.

Libertado o chofer, este disse-lhes, eufórico:

– As mulheres e o menino estão no quarto. Vamos lá.

Antônio acompanhou os policiais e ao chegar, surpreso, ele viu deitada em uma cama, pálida e abatida, a mulher que o tinha feito parar. Como podia estar ali? Olhou para ela sem compreender.

Foi a criada que disse:

– Pobre d. Nice. Desmaiou. Aquele bandido a assustou. Trouxe-a para este quarto, mas quando ela desmaiou, ele me chamou para fazê-la voltar. Fiz tudo quanto sabia. Ela parecia morta. Rezei, chorei, nada. Precisamos de um médico. Ela está grávida!

Antônio sentiu-se invadido por forte emoção. Aproximou-se dela e disse-lhe, sério:

– Acorde, senhora. Agora tudo está bem.

Ela suspirou fundo, e ante o olhar radiante dos empregados e as lágrimas de alegria do menino, ela abriu os olhos, abraçou o filho com emoção e começou a chorar.

Enquanto os policiais levavam os ladrões algemados, Antônio pela primeira vez em sua vida sentiu imensa vontade de chorar. Um sentimento de alegria, de gratidão e de fé o acometeu. E olhando para um dos policiais, que de olhos brilhantes observava a cena, disse com seriedade:

– Neste momento, só nos resta agradecer a Deus. Vamos orar.

E todos acompanharam a prece comovida de Antônio, olhos brilhantes e alegria no coração.

Marcos Vinícius

O Maquinista

Resfolegando alegre e barulhenta a locomotiva singrava a mata verde, colorindo o céu azul de nevoeiro, soltando sua fumaça cinzenta.

Sentado no banco duro, o maquinista olhava pela janela de quando em vez de maneira automática, num hábito que se desenvolvera naqueles 25 anos de trabalho ativo na estrada poeirenta.

Enquanto o trem corria regularmente, ele pensava. Estava triste, cansado e amargurado. A monotonia de sua vida de homem pobre, a luta para manter a família, o esforço para fazer os filhos estudarem, a paciência para tolerar as rabujices de Margarida, sua mulher, sempre a reclamar da pobreza da casa modesta e a queixar-se do peso dos trabalhos domésticos.

Margarida habituara-se a essa lamentação mesmo depois que Alice, já crescidinha, passara a ajudá-la nos encargos rotineiros do lar. A menina era o oposto da mãe, meiga, dócil, séria, falava pouco, disciplinada, trazendo tudo que fazia na mais completa ordem.

Enquanto os dois irmãos enchiam a casa de ruídos e de brincadeiras, de brigas e peraltices, Alice, apesar de mais nova, parecia já adulta, tal sua atitude educada e ponderada.

Era com alegria que se levantava todas as manhãs a buscar o pão e o leite, arrumando a mesa para o café, antes mesmo de a mãe se levantar. Trabalhava diligente até a hora da escola. Suas lições estavam sempre caprichosamente feitas e tudo quanto ela tocava transformava-se.

A casa andava mais arrumada, havia flores sobre a mesa e Manoel, ao sair da estação cansado e com fome, a encon-

trava na varanda a sua espera com o rostinho magro e more-
no cheio de alegria e os olhos brilhantes.

Enquanto o trem corria, Manoel sentiu lágrimas, virem-
lhe aos olhos. Por que tinha acontecido aquilo? Por quê?

Alice era o sol que iluminava sua vida e Manoel apegara-se a ela como um cego à luz. Porém, com a doença inesperada, a fatalidade invencível abatera-se sobre eles. Alice partira. A morte, indesejada, cruel, arrebatara aquele corpinho
magro, sem apiedar-se deles, e a dor tinha sido terrível.

Fazia já dez anos e Manoel jamais se conformara. Sua
vida sem ela tornara-se mais amarga. Sua mulher, sofrida e
cansada, já não reclamava mais como antes, e os filhos, já
mocinhos, tornaram-se mais ajuizados e já ajudavam no sustento do lar trabalhando no comércio.

Ele, porém, estava cansado. Naquela tarde a onda de pessimismo invadiu seu coração e ele não conseguia esquecer.

Alice era um anjo e Deus a tinha levado. Deus! Sempre
lhe tinha negado o acesso à felicidade. Rememorou sua vida
e pensou:

– Por que ela e não eu? Por que, Deus, se é que ele se
ocupa dos pobres como eu, não me levou em vez dela?

A tarde ia caindo. O sol se escondera e o trem continuava singrando os trilhos, com regularidade. Manoel continuava dando asas ao abatimento e à revolta.

A noite tinha caído e ele continuava triste a medi-
tar. Alguém lhe dissera que os bons não são deste mundo. Por isso Alice tinha partido. Mas, seria justo dar-lhe
essa filha para depois arrancá-la assim de seu coração?
Levá-la para longe. E se a morte fosse o fim de tudo? E se
Deus fosse uma invenção dos homens e sequer existisse?
Nesse caso, nunca mais a veria e ela ter-se-ia acabado
definitivamente.

Sua bondade, sua ingenuidade, sua pureza, de nada lhe
valeriam. A honestidade, o trabalho, a responsabilidade, te-

riam algum valor? Não seriam inúteis quando a morte destruísse tudo? Assim sendo, de que lhe valia viver? De quê?

Seus olhos enuviados de lágrimas tantos anos represadas maquinalmente percorreram a estrada à frente, e de repente seu coração bateu descompassado. Divisou no meio dos trilhos um vulto.

Assustado, limpou os olhos com as costas da mão e aterrado percebeu que havia uma pessoa a gesticular para que parasse. Manoel procurou o freio, que parecia chumbado pesadamente na cabina, e suas mãos não lhe obedeciam.

Desesperado, olhou para fora e deu um grito. Iluminado pelos faróis da locomotiva, ele viu perfeitamente o rostinho magro de Alice a sorrir-lhe. Estava cheio de amor e uma luz prateada irradiava-se de seu peito alcançando Manoel.

— Filha, você está viva — gritou ele ébrio de alegria.

— Estou, não se esqueça e agradeca a ajuda de Deus. Pare o trem agora.

Manoel obedeceu, e dessa vez sua mão alcançou o freio e o trem foi parando gradativamente. Manoel, encantado, olhava a figura da filha, que continuava em meio aos trilhos. Só quando o trem parou foi que ela desapareceu e Manoel saiu daquele estado de encantamento.

Olhou em volta, a noite era de luar. Os passageiros olhavam pela janela, curiosos. Manoel não se animava a prosseguir viagem. Seu ajudante apareceu curioso.

— O que houve? Por que paramos?

— Minha filha Alice me mandou parar. Ela apareceu no meio dos trilhos.

— Cruz credo, Manoel, ela está morta há um tempão.

— Mas eu não vou pra frente. Se ela fez isso, alguma coisa tem.

Aí começou a discussão. Alguns passageiros mais exaltados começaram a reclamar dizendo que iriam queixar-se à direção da estrada. Manoel estava velho e louco. Devia aposentar-se. Mas o maquinista não cedeu. Não ia para a frente e pronto.

Ficaram quinze minutos discutindo e foi aí que um carro, vindo em sentido contrário, parou ao lado do trem. Dele desceu o chefe da estação próxima que, admirado, olhou Manoel, dizendo:

— Quem lhe contou do acidente?

— Que acidente? — perguntou o maquinista.

— Logo à frente. Há meia hora o carro 225 entrou errado no desvio e bateu contra um carro parado, obstruindo a estrada. Quando cheguei lá, fiquei apavorado porque você não tinha jeito de ser avisado. Peguei este carro com José e vim o mais depressa que pude, tencionando parar seu trem. Vim rezando para que você se atrasasse.

— Onde foi o desastre? — inquiriu Manoel.

— A dois quilômetros. Mas diga-me, como soube, quem o avisou?

E Manoel, olhando o rosto assustado dos passageiros que o tinham instado a prosseguir, disse com ar sério e triunfante:

— Foi Alice, minha filha. Ela apareceu no meio da linha e me mandou parar.

E enquanto o chefe da estação o olhava admirado, os passageiros, calados, olharam com simpatia para Manoel, que, com o coração cheio de alegria e fé, ali mesmo, diante de todos, ajoelhou-se no chão e, agradecido, começou a rezar.

Marcos Vinícius

A Praça

Empertigada e séria, Marieta, sentada no banco do jardim, permanecia ali todas as tardes, sobraçando com dignidade seu volume encadernado de verde-escuro, óculos sobre o nariz, no braço fino a bolsa de couro marrom, que apesar de muito usada ainda conservava o brilho delicado, sempre conseguido com a graxa de sapatos.

Vestia traje clássico, que jamais entra em desuso, principalmente para as pessoas de certa idade.

Aposentara-se aos sessenta anos, depois de trabalhar por quase quarenta anos nos escritórios da estrada de ferro.

Apesar de em desuso e as linhas de trem haverem quase todas acabado com o advento das estradas de rodagem, mais rápido e mais eficiente meio de transporte, a Companhia, que mudara de nome algumas vezes, a tinha conservado no posto.

Havia até quem dissesse que d. Marieta representava a própria era da ferrovia, tendo nascido no seu apogeu e se mantido, apesar da sua decadência.

Funcionária exemplar durante tantos anos, quase nunca faltara ao serviço ou chegara fora do horário. As outras, que não conseguiam seguir-lhe o exemplo, diziam com raiva:

– Ela pode porque é solteira. Nada tem que a preocupe, nem que a impeça de chegar no horário.

Ao que Marieta sempre respondia:

– É desculpa de quem não quer esforçar-se. Também tenho minhas obrigações.

E de fato as tinha. Seus dois irmãos se tinham casado e ela ficara com os pais, cuidara deles com desvelado carinho, até a hora em que eles morreram. Primeiro a mãe, vítima de insidiosa moléstia. Depois de seis anos o pai, de pneumonia dupla.

Marieta ficara só. Os irmãos se tinham mudado para São Paulo em busca de melhores condições de trabalho, o que não era fácil naquela cidade do interior.

Marieta sentia o peso da solidão, a ausência de afeto, a frustração de seus sonhos de mulher não realizados.

Mas a vida na cidade mantinha seu ritmo e ela continuava a exercer suas funções no emprego religiosamente e cuidando da casa, então solitária e silenciosa.

Não se mudara. Para que o faria? Seu mundo de lembranças estava lá. Sua infância, os ruídos dos seus pais nas costumeiras conversas ao pé do fogão, onde a lenha crepitava e a chaleira fervia continuadamente. As discussões com os irmãos, os aniversários sempre comemorados com chocolate quente, mesmo no verão, e o bolo de maisena, sanduíche de mortadela cortada fininha, da venda do seu Nicolau. O namoro dos irmãos, as formaturas, seus sonhos nunca realizados.

Por que não se tinha casado? Ela bem o quisera, mas além de alguns flertes banais, nada mais acontecera em sua vida. Nem um amor vitorioso ou uma emoção maior. O que fazer?

Até que se tinha apaixonado por duas vezes, a primeira aos dezoito anos por aquele belo caixeiro viajante que todos os meses comparecia à companhia para vender papel e artigos de escritório. Mas ele desaparecera sem sequer interessar-se por ela, que chorara muito vendo seu galã substituído por gorducho e simpático companheiro, pai de numerosa prole que ele mostrava sempre a quem quisesse ver, tirando da carteira um retrato completo, onde sequer faltavam os sogros e estavam seus seis filhos.

Nunca mais ouvira falar do seu antecessor, e outra acontecera-lhe aos quarenta anos, para provar que idade não trava o coração.

Alto, forte, simpático, solteirão inveterado, o Boanerges ocupara os pensamentos cândidos de Marieta, que em seus arroubos amorosos jamais ia além de um beijo roubado a medo, um roçar de mãos ao acaso, ou um olhar mais intencional.

Quando o encontrava na praça sentado a ler o jornal, depois que saía da repartição onde trabalhava, tremiam-lhe as pernas e o coração saltava-lhe no peito, como a sair pela boca.

Boanerges tinha o gosto pela natureza. Seu prazer era ver o entardecer em meio às árvores, ouvindo o gorjear dos pássaros e o chilrear alegre de algumas crianças pulando amarelinha.

Suspirava fundo, bebia gostosamente a paisagem bucólica que o circundava e depois, feliz, realizado, à vontade, tirava do bolso do paletó o jornal cuidadosamente dobrado e dispunha-se à leitura.

Só quando a escuridão dificultava a visão é que ele repunha o jornal no bolso e, respirando gostosamente, tomava o caminho da casa.

Às vezes, embebia-se tanto na contemplação e no prazer de viver aquele instante que saía deixando o jornal esquecido no banco.

Foi por causa dele que Marieta começou a gostar da praça. Ela também deixava o emprego às 4 e meia. Por que ir para a casa tão cedo? Por que trancar-se no seu solitário mundo de recordações?

Não gostava de ler jornais, preferia as poesias, os romances. Mesmo assim, lia pouco. Não era um entretenimento que a atraísse.

Contudo, lá estava o Boanerges, tão feliz, tão realizado. A princípio ela tentava escolher livros para ler na praça todas as tardes, na volta do emprego. Sentava-se a um banco, ao lado do banco do seu apaixonado e, como saía mais cedo que ele, quando ele chegava, ela já lá estava, digna, ereta, lendo. Ele, vendo-a, cumprimentava-a levando a mão ao chapéu e ali permanecia, silencioso e feliz.

A cena repetia-se todas as tardes e Marieta passava aquelas horas, livro aberto nas mãos e observando o vizinho disfarçadamente.

Com o tempo, ela até se esquecera de mudar o livro, já que não a interessava a leitura. Ficava ali, sentindo o coração bater forte e gostoso calor a invadir-lhe o corpo.

Algumas vezes conversavam, coisas banais tais como: "O dia está lindo", "O céu está azul", "As flores estão cheirosas". Nunca nenhum assunto pessoal ou mais íntimo.

Marieta sentia-se bem com a proximidade dele e naturalmente, levantava-se antes que ele se decidisse a ir embora, para recolher-se a sua casa solitária.

No verão um pouco mais tarde, no inverno, como escurecia mais cedo, retirava-se um pouco antes. Não ficava bem, pensava ela, deixá-lo ir-se primeiro, e era tão pontual nessa atitude que aos poucos ele se fora habituando a esperar que ela se fosse para ir-se, por sua vez, depois de cinco a dez minutos.

Até que um dia Boanerges não aparecera e Marieta preocupara-se muito. Telefonara para a repartição onde sabia que ele trabalhava e descobrira que ele estava afastado por motivo de saúde.

Teve vontade de ir visitá-lo, porém não ousara. Por certo não ficava bem. Ele vivia sozinho.

Durante vários dias esperara ansiosa e nada de Boanerges. Marieta olhava o banco ao lado do seu e rezava para que ele recuperasse a saúde.

Até que uma tarde, ao passar pela praça, ele estava lá. Tinha chegado antes dela. Estava magro, os cabelos tinham embranquecido mais, o rosto abatido; jornal no bolso do paletó, ele olhava o céu e respirava o ar puro com prazer.

Marieta, livro embaixo do braço, parara e olhara-o emocionada. Ele tirara o chapéu, sorrira, e ela sentira-se feliz.

– O senhor não tem vindo – dissera com ar sério.

– Estive doente. Por causa disso aposentei-me. Não trabalho mais.

Marieta sentira um baque no coração.

– Quer dizer que não virá mais à praça?

– Ao contrário. Virei sim. Agora tenho tempo para estar aqui sempre que quiser.

Marieta sorrira tranqüila, abrira o livro e mergulhara o rosto nele, embora seus olhos não lessem nada do que estava escrito ali.

E de fato, as coisas se modificaram. Quando Marieta chegava, Boanerges já estava lá, e ela, depois de cumprimentá-lo, sentava-se e reabria seu livro religiosamente.

Quando se aposentara, Marieta cumprimentara-o mais corada do que o costume e dissera-lhe, comovida:

– Hoje foi meu último dia de trabalho. Aposentei-me.

Ele remexera-se no banco:

– Não virá mais à praça?

– Nem pense nisso – dissera com ardor. Depois, corada, completara: – É tão linda! Estou tão habituada a vir aqui! Agora terei mais tempo para isso.

Ele sorrira calmo, abrira o jornal e continuara a leitura.

Uma tarde ele a olhara e dissera, emocionado:

– Estou doente. O médico queria que eu mudasse de ares.

Marieta olhara-o, aflita. De fato, Boanerges estava magro e abatido.

– O senhor vai viajar?

– Não. Não vou. Se me curasse eu iria, mas não tenho essa esperança.

Marieta olhara-o penalizada. Pela primeira vez, atrevera-se e, levantando-se, sentara-se no mesmo banco que ele.

– O senhor está triste – disse comovida.

– Estou. Essa doença não me deixa.

– E sua família?

– Sou sozinho. Não tenho ninguém. A senhora tem família?

– Não. Meus pais morreram há muitos anos, meus dois irmãos moram na capital.

A partir desse dia os dois sentavam-se no mesmo banco e ora conversavam, ora permaneciam em silêncio, ela fingindo ler, ele contemplando a natureza. Aos poucos descobriram que gostavam das mesmas coisas, tinham as mesmas idéias e muitos pensamentos em comum.

Até que um dia ele não aparecera na praça, nem no outro nem no outro. Desesperada, Marieta decidira-se. Aprontara-se e fora ter à casa dele. E o que temia acontecera. Boanerges estava pior. Estendido no leito, rosto pálido, ele estava mal.

A empregada recebera Marieta e levara-a ao lado dele, que vendo-a, tentara sorrir.

— Senhor Boanerges, estranhei sua ausência e bem desconfiei da sua saúde.

— Dona Marieta — dissera ele com alguma dificuldade, — eu estou mal.

— Deus é grande. O senhor vai ficar bom.

Diariamente Marieta visitava o enfermo, mas ele não ficara bom. Uma tarde, entre um achaque e outro, num momento de calma, Boanerges tomara a mão delicada de Marieta, dizendo comovido:

— Sei que meus dias estão contados. Não quero morrer sem fazer-lhe uma confissão.

— Fale, senhor Boanerges.

— Nós nos conhecemos há muitos anos.

— É verdade. Pra mais de vinte.

— Eu devo dizer que sempre a amei, Marieta. Eu sempre a amei.

— Boanerges!

— Não diga nada. Não me critique, por favor! Compreenda! Eu já tinha mais de quarenta anos quando a vi passar e me apaixonei.

Marieta tremia qual folha batida pelo vento.

— Não se ria, por favor!

– Não estou rindo. Por que nunca me disse? Por que deixou que nossa vida se fosse sem nunca me dizer nada?

A voz de Marieta era dorida e havia revolta em seu tom.

– Eu estava velho demais – disse ele com voz cansada, – tive vergonha.

– Vergonha? – disse ela no auge do desespero. – Por quê? Eu sou livre. Você também.

– A idade... tive medo que você risse de mim, me desprezasse.

Ela olhara-o, triste.

– Eu? Eu que estremecia quando você passava? Que sonhava com você todas as horas, esperando que essa declaração acontecesse?

Lágrimas corriam dos olhos dela sobre as mãos deles, apertando-se em desespero.

– Quanto tempo perdido! – disse ele com amargura. – Sim. Quantas horas de solidão e de angústia! Nós podíamos ter vivido muitos anos de felicidade.

– E a nossa idade?

– Nossos corações não têm idade.

– Você tem razão. Estou arrependido. Agora é tarde.

– Nunca é tarde. Ficarei a seu lado o mais possível. Cuidarei da sua saúde. Um dia construiremos nossa felicidade.

Mas, apesar da dedicação de Marieta, Boanerges partira, tendo demonstrado o mais puro amor.

Sentada na praça enquanto a tarde caía, Marieta conservava ainda entre as mãos o mesmo livro aberto que não lia.

Olhava o banco vazio e em pensamento via o Boanerges ali, jornal às mãos, lendo ou meditando. Marieta pensava no tempo que poderia ter vivido com ele e não viveu.

Por que duas pessoas sozinhas, que se amavam tanto, não tinham conseguido ser felizes? Pela milésima vez essa pergunta queimava-lhe o cérebro, e a resposta era sempre a mesma. Preconceito. Puro preconceito. Só preconceito. Dele para com a idade física, dela para com o conceito que limita a ação da mulher, colocando-a como passiva no jogo amoroso.

Por que não lhe demonstrara o amor que lhe ia no coração? Orgulho, só orgulho. E ele, por que temera o ridículo de uma paixão depois dos quarenta anos? Orgulho, só orgulho.

Marieta olhou o banco vazio e pensou:

– Se fosse hoje, tudo seria diferente.

Mas o tempo tinha passado, e ela continuava sozinha.

Um dia, ela estava lá, no banco da praça, quando de repente olhou e surpreendeu-se: Boanerges estava lá, como da primeira vez que o vira. Forte, bonito, no bolso do seu paletó o mesmo jornal cuidadosamente dobrado. Mas ele não lia, nem olhava o céu, as flores, a natureza; olhava para ela e sorria.

Ela levantou-se assustada:

– Boanerges! – disse admirada.

– Venha comigo, Marieta. Vamos ser felizes!

Ela não titubeou. Caminhou para ele e abraçou-o com amor. Suas pernas tremiam de emoção e seu coração batia tanto que parecia querer sair-lhe pela boca. Abraçou-o comovida e, juntos, abraçados, seguiram tão entretidos e felizes que ela sequer percebeu que seu corpo ficara estendido frente ao banco onde tantas vezes tinha sonhado com a felicidade. Sua bolsa marrom jazia no chão semi-aberta e seu velho livro de capa verde rasgara-se na queda, tendo suas páginas levadas pelo vento que soprava forte.

Vozes de populares gritavam assustadas:

– Socorro, a velhinha desmaiou.

– Está morta – disse outro. – Pobre d. Marieta. Ela sentava-se sempre aí. Durante anos, eu a vi todas as tardes!

Estavam todos tão preocupados em socorrer-lhe o corpo que ninguém percebeu os dois vultos abraçados, felizes, que deixaram a bela praça rumo ao infinito.

Gustavo Barroso

Sucessos de ZIBIA GASPARETTO

Crônicas e romances mediúnicos.
Mais de seis milhões de exemplares vendidos.
Há mais de dez anos Zibia Gasparetto vem se mantendo na lista dos mais vendidos, sendo reconhecida como uma das autoras nacionais que mais vende livros.

Crônicas: Silveira Sampaio

- PARE DE SOFRER

- O MUNDO EM QUE EU VIVO

- BATE-PAPO COM O ALÉM

Crônicas: Zibia Gasparetto

- CONVERSANDO CONTIGO!

Autores diversos

- PEDAÇOS DO COTIDIANO

- VOLTAS QUE A VIDA DÁ

Romances: Lucius

- O AMOR VENCEU
- O AMOR VENCEU *(em edição ilustrada)*
- O MORRO DAS ILUSÕES
- ENTRE O AMOR E A GUERRA
- O MATUTO
- O FIO DO DESTINO
- LAÇOS ETERNOS
- ESPINHOS DO TEMPO
- ESMERALDA
- QUANDO A VIDA ESCOLHE
- SOMOS TODOS INOCENTES
- PELAS PORTAS DO CORAÇÃO
- A VERDADE DE CADA UM
- SEM MEDO DE VIVER
- O ADVOGADO DE DEUS
- QUANDO CHEGA A HORA
- NINGUÉM É DE NINGUÉM
- QUANDO É PRECISO VOLTAR
- TUDO TEM SEU PREÇO
- TUDO VALEU A PENA
- UM AMOR DE VERDADE

Sucessos de LUIZ ANTONIO GASPARETTO

Estes livros irão mudar sua vida!
Dentro de uma visão espiritualista moderna, estes livros irão ensiná-lo a produzir um padrão de vida superior ao que você tem, atraindo prosperidade, paz interior e prendendo acima de tudo como é fácil ser feliz.

- ATITUDE
- SE LIGUE EM VOCÊ *(adulto)*
- SE LIGUE EM VOCÊ - nº 1, 2 e 3 *(infantil)*
- A VAIDADE DA LOLITA *(infantil)*
- ESSENCIAL *(livro de bolso com frases para auto-ajuda)*
- FAÇA DAR CERTO
- GASPARETTO *(biografia mediúnica)*
- CALUNGA - "Um dedinho de prosa"
- CALUNGA - Tudo pelo melhor
- CALUNGA - Fique com a luz...
- PROSPERIDADE PROFISSIONAL
- CONSERTO PARA UMA ALMA SÓ *(poesias metafísicas)*
- PARA VIVER SEM SOFRER

- série CONVERSANDO COM VOCÊ

(Kit contendo livro e fita k7):

1- Higiene Mental

2- Pensamentos Negativos

3- Ser Feliz

4- Liberdade e Poder

- série AMPLITUDE:

1- Você está onde se põe

2- Você é seu carro

3- A vida lhe trata como você se trata

4- A coragem de se ver

- INTROSPECTUS

(Jogo de cartas para auto-ajuda):

Modigliani criou através de Gasparetto, 25 cartas mágicas com mensagens para você se encontrar, recados de dentro, que a cabeça não ousa revelar.

OUTROS AUTORES

Conheça nossos lançamentos que oferecem a você as chaves para abrir as portas do sucesso, em todas as fases de sua vida.

LOUSANNE DE LUCCA:
- ALFABETIZAÇÃO AFETIVA

MARIA APARECIDA MARTINS:
- PRIMEIRA LIÇÃO - "Uma cartilha metafísica"
- CONEXÃO - "Uma nova visão da mediunidade"
- MEDIUNIDADE e AUTO-ESTIMA

VALCAPELLI:
- AMOR SEM CRISE

VALCAPELLI e GASPARETTO:
- METAFÍSICA DA SAÚDE:

vol.1: sistemas respiratório e digestivo

vol.2: sistemas circulatório, urinário e reprodutor

vol.3: sistemas endócrino *(incluindo obesidade)*, e muscular

MECO SIMÕES G. FILHO:
- EURICO um urso de sorte (infantil)
- A AVENTURA MALUCA DO PAPAI NOEL

E DO COELHO DA PÁSCOA (infantil)

RICKY MEDEIROS:
- A PASSAGEM
- QUANDO ELE VOLTAR
- PELO AMOR OU PELA DOR...
- VAI AMANHECER OUTRA VEZ
- DIANTE DO ESPELHO

MARCELO CEZAR (ditado por Marco Aurélio):
- A VIDA SEMPRE VENCE
- SÓ DEUS SABE
- NADA É COMO PARECE
- NUNCA ESTAMOS SÓS
- MEDO DE AMAR

MÔNICA DE CASTRO (ditado por Leonel):
- UMA HISTÓRIA DE ONTEM
- SENTINDO NA PRÓPRIA PELE
- COM O AMOR NÃO SE BRINCA
- ATÉ QUE A VIDA OS SEPARE
- O PREÇO DE SER DIFERENTE
- GRETA

LEONARDO RÁSICA:
- FANTASMAS DO TEMPO - Eles voltaram para contar

MÁRCIO FIORILLO (ditado por Madalena):
- EM NOME DA LEI

LUIZ ANTONIO GASPARETTO EM CD:

Aprenda a lidar melhor com as suas emoções, para conquistar um maior domínio interior.

- Prosperidade

- Confrontando a ansiedade

- Confrontando a desilusão

- Confrontando a solidão

- Confrontando as críticas

- Confrontando a depressão

- Prece da Solução *(pelo espírito Calunga)*

- série REALIZAÇÃO:

Com uma abordagem voltada aos espiritualistas independentes, eis aqui um projeto de *16 cds* para você melhorar.

Encontros com o Poder Espiritual para práticas espirituais da prosperidade.

Temos que trabalhar para alcançar nossos objetivos. Para isto necessitamos de conhecimento e práticas adequadas.

Nesta coleção você aprenderá práticas de consagração, dedicação, técnicas de orações científicas, conceitos novos de força espiritual, conhecimento das leis do destino, práticas de ativar o poder pessoal e práticas de otimização mental.

ESPAÇO VIDA & CONSCIÊNCIA

Acreditamos que há em você muito mais condições de cuidar de si mesmo do que você possa imaginar, e que seu destino depende de como você usa os potenciais que tem.

Por isso, através de PALESTRAS, CURSOS-SHOW e BODY WORKS, GASPARETTO propõe dentro de uma visão espiritualista moderna, com métodos simples e práticos, mostrar como é fácil ser feliz e produzir um padrão de vida superior ao que você tem.

Faz parte também da programação, o projeto VIDA e CONSCIÊNCIA. Este curso é realizado há mais de 20 anos com absoluto sucesso. Composto de 8 aulas, tem por objetivo iniciá-lo no aprendizado de conhecimentos e técnicas que façam de você o seu próprio terapeuta.

Participe conosco desses encontros onde, num clima de descontração e bom humor, aprenderemos juntos a atrair a prosperidade e a paz interior.

Maiores informações:
Rua Salvador Simões, 444 • Ipiranga • São Paulo • SP
CEP 04276-000 • Fone Fax: (11) 5063-2150
E-mail: espaco@vidaeconsciencia.com.br
Site: www.vidaeconsciencia.com.br

Luiz Gasparetto

INFORMAÇÕES E VENDAS:

Rua Agostinho Gomes, 2312
Ipiranga • CEP 04206-001
São Paulo • SP • Brasil
Fone / Fax: (11) 3577-3200 / 3577-3201
E-mail: editora@vidaeconsciencia.com.br
Site: www.vidaeconsciencia.com.br